Korte Verhalen in het Frans

Korte verhalen in Frans voor beginners en gevorderden

Alice Dubois

Inhoud

Inleiding

Lezen in een vreemde taal is een van de meest effectieve manieren om uw taalvaardigheid te verbeteren en uw woordenschat uit te breiden. Toch kan het soms moeilijk zijn om boeiend leesmateriaal op een geschikt niveau te vinden dat een gevoel van prestatie en vooruitgang geeft. De meeste boeken en artikelen die voor moedertaalsprekers zijn geschreven, kunnen te lang zijn en moeilijk te begrijpen, of kunnen een woordenschat op zeer hoog niveau hebben, zodat u zich overweldigd voelt en het opgeeft. Als deze problemen bekend klinken, dan is dit boek iets voor jou!

Korte Verhalen in het Frans is een verzameling van 25 onconventionele en onderhoudende korte verhalen die zijn ontworpen om beginnende tot gemiddeld niveau Frans lerenden te helpen hun taalvaardigheden te verbeteren.

Deze korte verhalen creëren een ondersteunende leesomgeving door het opnemen van:

- Rijke taalkundige inhoud in verschillende genres om u te vermaken en u bloot te stellen aan een verscheidenheid van woordvormen.
- Kortere verhalen in hoofdstukken om u de voldoening te geven verhalen af te maken en snel vooruitgang te boeken.
- Teksten die op uw niveau geschreven zijn, zodat ze gemakkelijker te begrijpen zijn en niet overweldigend.
- Nederlandse vertaling op wisselende pagina's, zodat u er regel voor regel direct naar kunt verwijzen terwijl u het Frans verhaal leest.
- De belangrijkste woordenschat staat vetgedrukt in

het hele verhaal en de vertaling, zodat u onbekende woorden gemakkelijker kunt begrijpen.

- Begrijpelijke vragen om uw begrip van belangrijke gebeurtenissen te testen en om u aan te moedigen meer in detail te lezen.

Dus of u nu uw woordenschat wilt uitbreiden, uw begrip wilt verbeteren of gewoon voor uw plezier wilt lezen, dit boek is de grootste stap voorwaarts die u dit jaar in uw studie zult maken. Korte Verhalen in het Frans geeft u alle steun die u nodig hebt, dus leun achterover, ontspan, en laat uw fantasie de vrije loop terwijl u wordt meegevoerd naar een magische wereld van avontuur, mysterie en intrige - in het Frans!

Hoe dit boek te gebruiken

Lezen is een moeilijk talent om onder de knie te krijgen. We gebruiken een reeks microvaardigheden om ons te helpen lezen in onze moedertaal. We kunnen bijvoorbeeld een passage doornemen om een globaal idee te krijgen van waar het over gaat. Of we kammen een groot aantal bladzijden van een treindienstregeling door op zoek naar een specifieke tijd of plaats. Terwijl deze microvaardigheden een tweede natuur zijn bij het lezen in onze moedertaal, blijkt uit onderzoek dat we de meeste ervan vaak vergeten bij het lezen in een vreemde taal. Wanneer we een vreemde taal leren, beginnen we gewoonlijk bij het begin van een tekst en werken we ons een weg door de tekst, waarbij we elk woord proberen te begrijpen. Onvermijdelijk komen we onbekende of ingewikkelde termen tegen en raken we geïrriteerd door ons onvermogen om ze te begrijpen.

Een van de grootste voordelen van het lezen in een vreemde taal is dat je wordt blootgesteld aan een groot aantal zinnen en uitdrukkingen die in alledaagse situaties worden gebruikt. Extensief lezen is een term die wordt gebruikt om het lezen voor plezier aan te duiden om een taal te leren. Het is niet zoals het lezen van een tekstboek, wanneer gesprekken of teksten zijn ontworpen om langzaam en zorgvuldig te worden gelezen met het doel om elk woord te begrijpen. "Intensief lezen" verwijst naar lezen dat wordt gedaan om specifieke leerdoelen te bereiken of taken te voltooien. Anders gezegd, intensief lezen in tekstboeken helpt meestal bij het leren van grammaticaregels en bepaalde woordenschat, maar extensief lezen van verhalen helpt bij het leren van natuurlijke taal.

Korte Verhalen in het Frans biedt u de mogelijkheid om meer te leren over natuurlijk Frans taalgebruik, ook al bent u uw taalleertocht misschien begonnen met uitsluitend tekstboeken. Hier zijn een paar tips om in gedachten te houden als u de verhalen in dit boek leest om er het meeste uit te halen: Als het op lezen aankomt, zijn plezier en een gevoel van vervulling van cruciaal belang. Je blijft terugkomen voor meer omdat je geniet van wat je aan het lezen bent. Elk verhaal van begin tot eind lezen is de beste methode om plezier te beleven aan het lezen van verhalen en je volbracht te voelen. Het belangrijkste is dan ook om het einde van een verhaal te halen. Dat is eigenlijk nog belangrijker dan elk woord te kennen.

Hoe meer je leest, hoe meer kennis je zult opdoen. U zult snel een kennis hebben van hoe Frans werkt als u grotere boeken leest voor uw plezier. Bedenk echter wel dat u, om ten volle van de voordelen van extensief lezen te kunnen profiteren, eerst een voldoende omvangrijk boek moet lezen. Door hier en daar een paar bladzijden te lezen leert u misschien een paar nieuwe woorden, maar het zal geen significant verschil maken in uw algehele niveau van Frans.

Accepteer dat je niet alles zult begrijpen van wat je in een roman leest. Dit is, zonder twijfel, het meest cruciale punt! Onthoud altijd dat het volkomen aanvaardbaar is dat u niet alle woorden of zinnen begrijpt. Het betekent niet dat je taalvaardigheden ontoereikend zijn of dat je slecht presteert. Het geeft aan dat u actief betrokken bent bij het leerproces.

Leesgids

Om het meeste uit het lezen van Korte Verhalen in het Frans te halen, kunt u het beste dit eenvoudige leesproces in zes stappen volgen voor elk hoofdstuk van de verhalen:

1. Lees de titel van het hoofdstuk. Denk na over waar het verhaal over zou kunnen gaan. Lees dan het verhaal helemaal door. Uw doel is gewoon het einde van het verhaal te bereiken. Stop daarom niet om woorden op te zoeken en maak u geen zorgen als er dingen zijn die u niet begrijpt. Probeer gewoon de plot te volgen.

2. Wanneer u het einde van het verhaal hebt bereikt, scant u de Nederlandse vertaling om te zien of u hebt begrepen wat er is gebeurd en pikt u alle context op die u misschien hebt gemist.

3. Ga terug en lees hetzelfde verhaal opnieuw. Als u wilt, kunt u zich meer op de details van het verhaal concentreren, maar anders leest u het gewoon nog een keer door.

4. Werk vervolgens door de begripsvragen in Frans om te controleren of u de belangrijkste gebeurtenissen in het verhaal begrijpt. Als u de vragen niet helemaal begrijpt, hoeft u zich geen zorgen te maken. Gebruik uw kennis om zo goed mogelijk te antwoorden.

5. Op dit punt moet u de belangrijkste gebeurtenissen van het hoofdstuk enigszins begrijpen. Als dat niet het geval is, kunt u het hoofdstuk een paar keer herlezen, waarbij u de vertaling gebruikt om onbekende woorden en zinnen te controleren, totdat u zich zeker voelt.

Zodra u klaar bent en zeker weet dat u begrijpt wat er is gebeurd - of dat nu na één lezing van het verhaal is of na meerdere - gaat u verder met het volgende verhaal en geniet u verder van het verhaal in uw eigen tempo, net zoals u van elk ander boek zou genieten.

Pas als u een verhaal in zijn geheel hebt uitgelezen, moet u overwegen terug te gaan en de verhaaltaal desgewenst verder uit te diepen. Of in plaats van u zorgen te maken of u alles begrijpt, de tijd te nemen om u te concentreren op alles wat u hebt begrepen en uzelf te feliciteren met alles wat u hebt gedaan.

Korte Verhalen

in het Frans

Alice Dubois

La Côte d'Azur

La Côte d'Azur Un lieu de luxe, de richesse et de **beauté**. C'était un endroit que j'avais toujours rêvé de visiter, et me voici maintenant. Mon mari, Mark, et moi étions en lune de miel, et nous étions déterminés à en profiter au maximum. Nous avions planifié chaque **détail** méticuleusement et tout se passait parfaitement. Nous sommes arrivés à l'aéroport de Nice et avons été emmenés dans une voiture avec chauffeur jusqu'à notre **hôtel** surplombant la mer Méditerranée. Le soleil se couchait à notre arrivée, et la vue depuis notre chambre était à couper le souffle. Nous avons rapidement déballé nos affaires avant de partir à la découverte de la ville. Les rues étaient animées par des gens qui profitaient de l'air chaud du soir. Nous avons erré sans but, en profitant des vues et des sons de ce lieu **magique**. Au détour d'une rue, sur une petite place, nous avons entendu de la **musique** provenant d'un café voisin. Nous nous sommes dirigés vers le café et avons vu qu'il était bondé de gens, tous appréciant la musique. Nous avons trouvé une table à l'arrière et nous nous sommes assis pour écouter. Le groupe jouait un mélange de chansons françaises et anglaises, et tout le monde semblait s'amuser.

Pendant que nous écoutions, nous n'avons pas pu nous

De Franse Rivièra

De Franse Rivièra. Een plaats van luxe, rijkdom en **schoonheid**. Het was een plaats waarvan ik altijd gedroomd had ze te bezoeken, en nu ben ik hier. Mijn man, Mark, en ik waren op huwelijksreis, en we waren vastbesloten er het beste van te maken. We hadden alles tot in de **puntjes** gepland en alles verliep perfect. We kwamen aan op de luchthaven van Nice en werden in een auto met chauffeur naar ons **hotel** met uitzicht op de Middellandse Zee gebracht. De zon ging onder toen we aankwamen, en het uitzicht vanuit onze kamer was adembenemend. We pakten snel uit voordat we naar beneden gingen om de stad te verkennen. De straten waren vol met mensen die genoten van de warme avondlucht. We dwaalden doelloos rond en namen de bezienswaardigheden en geluiden van deze **magische** plek in ons op. Toen we de hoek omsloegen en op een klein plein belandden, hoorden we **muziek** uit een café in de buurt. We liepen naar het café en zagen dat het vol zat met mensen, allemaal genietend van de muziek. We vonden een tafeltje aan de achterkant en gingen zitten luisteren. De band speelde een mix van Franse en Engelse liedjes, en iedereen leek het naar zijn zin te hebben.

Terwijl we luisterden, viel ons oog op een groep **mooie**

empêcher de remarquer un groupe de **belles** femmes assises à une table près de l'entrée. Elles riaient et plaisantaient ensemble, s'amusant manifestement beaucoup. Il n'a pas fallu longtemps pour que l'attention de Mark se porte entièrement sur elles. Je pouvais le voir les regarder avec envie, et je savais ce qu'il pensait. Je me suis penchée vers lui et j'ai **murmuré** à son oreille : "Tu veux aller leur parler ?". Il a hoché la tête avec enthousiasme, alors j'ai pris sa main et l'ai conduit à leur table. Mark a commencé à discuter avec les femmes immédiatement, et elles nous ont rapidement inclus dans leur **conversation**. Elles nous ont dit qu'elles étaient mannequins et qu'elles étaient ici pour une séance photo qui aurait lieu demain matin sur l'un des yachts amarrés dans le **port**. Elles nous ont invitées à les rejoindre pour boire un verre plus tard dans la soirée, une fois la séance terminée. Après avoir terminé nos boissons, nous nous sommes dirigés vers l'endroit où se déroulait la fête sur **le yacht**. Il devait y avoir une centaine de personnes, qui se mêlaient aux autres, buvaient du champagne ou **dansaient** sur le pont sous les lumières féeriques accrochées autour du bateau. On se serait cru dans un film. Une des filles nous a repérés et est venue nous saluer à nouveau avant de nous entraîner sur la piste de danse, où nous avons dansé jusque tard dans la nuit.

vrouwen die aan een tafeltje vooraan zaten. Ze lachten en maakten grapjes met elkaar, en hadden het duidelijk erg naar hun zin. Het duurde niet lang voordat Mark's aandacht volledig op hen was gericht. Ik kon zien dat hij verlangend naar hen keek, en ik wist wat hij dacht. Ik leunde naar hem toe en **fluisterde** in zijn oor: "Wil je met ze gaan praten?" Hij knikte gretig, dus pakte ik zijn hand en leidde hem naar hun tafel. Mark begon meteen met de vrouwen te praten, en al gauw werden wij ook in hun **gesprek betrokken**. Ze vertelden ons dat ze modellen waren die hier waren voor een fotoshoot die morgenochtend plaats zou vinden op een van de jachten die in de **haven** aangemeerd lagen. Ze nodigden ons uit om later die avond, na afloop van de fotosessie, iets met hen te gaan drinken. Nadat we onze drankjes ophadden, gingen we naar beneden, waar het jachtfeest plaatsvond. Er waren zeker 100 mensen aanwezig, die allemaal champagne dronken of op het dek **dansten** onder de feeërieke lichtjes die rond de boot waren opgehangen. Het leek wel iets uit een film. Een van de meisjes zag ons en kwam nog eens hallo zeggen voordat ze ons naar de dansvloer leidde, waar we tot diep in de nacht hebben gedanst.

Questions de compréhension

1. Qu'est-ce que la Côte d'Azur ?

2. Quelle était la vue de la chambre d'hôtel ?

3. Quel genre de musique jouait le groupe ?

4. Quelles étaient les femmes auxquelles Mark s'intéressait ?

5. Que se passait-il sur le yacht ?

6. Comment était le yacht après la transformation ?

7. Combien de personnes étaient présentes à la fête ?

8. Que représente la Côte d'Azur pour le couple ?

9. De quoi le couple est-il satisfait ?

10. Quelles sont les autres aventures que le couple prévoit de vivre ?

Begrip vragen

1. Wat is de Franse Rivièra?

2. Wat was het uitzicht vanuit de hotelkamer?

3. Wat voor muziek speelde de band?

4. Wat waren de vrouwen waar Mark in geïnteresseerd was?

5. Wat gebeurde er op het jacht?

6. Hoe zag het jacht eruit na de transformatie?

7. Hoeveel mensen waren er op het feest?

8. Wat is de Franse Rivièra voor het koppel?

9. Waar is het koppel tevreden mee?

10. Wat zijn de andere avonturen die het koppel van plan is te beleven?

Bœuf bourguignon

C'était une nuit sombre et **orageuse**. Le vent hurlait dans les arbres, faisant voler les feuilles et les branches dans les airs. Au loin, le tonnerre grondait comme une bête en colère. Bœuf Bourguignon frissonnait dans sa petite cabane, blotti sous une mince **couverture**. Il savait qu'il aurait dû se coucher tôt, mais il était tellement excité à l'idée de préparer son fameux plat pour le dîner du lendemain qu'il n'a pas pu résister à l'envie de rester debout un peu plus longtemps pour travailler dessus. Il le regrette maintenant en écoutant le **vent** hurler et en pensant à tous les invités qui viendront demain. Seront-ils capables de passer à travers la tempête ? Il l'espère, car cela fait des semaines qu'il attend ce **dîner avec impatience**. Ce serait une occasion **spéciale**, sa première chance de montrer ses talents culinaires à certaines des personnes les plus influentes de la ville. Il avait travaillé dur pour perfectionner sa recette de bœuf bourguignon et était convaincu qu'il impressionnerait **tous ceux** qui le goûteraient. Demain soir ne pouvait pas arriver assez tôt.

Le lendemain, le Bœuf Bourguignon se réveilla au son de la **pluie qui** tapait contre sa **fenêtre**. Il grogne et tire la couverture sur sa tête, essayant de bloquer le bruit.

Boeuf bourguignon

Het was een donkere en **stormachtige** nacht. De wind gierde door de bomen, blaadjes en takken vlogen door de lucht. In de verte rommelde de donder als een boos beest. Boeuf Bourguignon rilde in zijn kleine hut, ineengedoken onder een dunne **deken**. Hij wist dat hij vroeg naar bed had moeten gaan, maar hij was zo opgewonden geweest over het maken van zijn beroemde gerecht voor het diner van morgen, dat hij het niet kon laten om nog wat langer op te blijven om eraan te werken. Nu had hij er spijt van, terwijl hij luisterde naar de gierende **wind** en dacht aan alle gasten die morgen zouden komen. Zouden ze wel door de storm heen komen? Hij hoopte van wel, want hij had zich al weken verheugd op dit etentje. Het zou een **speciale** gelegenheid worden - zijn eerste kans om zijn culinaire vaardigheden te tonen aan enkele van de meest invloedrijke mensen in de stad. Hij had hard gewerkt aan het perfectioneren van zijn Boeuf Bourguignon recept en was ervan overtuigd dat het indruk zou maken op **iedereen** die het probeerde. Morgenavond kon niet snel genoeg komen.

De volgende dag werd Boeuf bourguignon wakker van het geluid van de **regen** die tegen zijn **raam** kletterde. Hij kreunde en trok de deken over zijn hoofd, in een

La journée s'annonçait pluvieuse, c'était clair. Mais il n'avait pas de temps à perdre à s'apitoyer sur son sort, il avait un dîner à préparer ! Il se leva et commença à s'affairer dans sa petite cabane, préparant tout pour le grand **événement de** ce soir. Son cœur battait la chamade tandis qu'il **coupait les** légumes et remuait la marmite de ragoût qui allait devenir son fameux plat. Tout devait être parfait s'il voulait faire bonne impression sur ses invités. À la tombée de la nuit, le bœuf bourguignon entend le bruit des roues d'un chariot qui s'approche sous la pluie. Le cœur battant, il se dépêche d'allumer des bougies et de mettre la touche finale à son repas. Les invités sont là. Le dîner a été un **succès** au-delà des rêves les plus fous du Bœuf Bourguignon. Son plat a reçu des critiques élogieuses, et même les invités les plus critiques ont dû admettre qu'il était **délicieux**. Il rayonne de fierté en acceptant leurs compliments, sentant qu'il est enfin arrivé en tant que chef.

poging om het geluid te blokkeren. Het zou een natte dag worden, zoveel was duidelijk. Maar hij had geen tijd om medelijden met zichzelf te hebben - hij had een etentje voor te bereiden! Hij stond op en begon in zijn kleine hut alles in gereedheid te brengen voor de grote **gebeurtenis** van vanavond. Zijn hart ging tekeer terwijl hij groenten **fijnhakte** en in de pot met stoofpot roerde die zijn beroemde gerecht zou worden. Alles moest perfect zijn als hij een goede indruk wilde maken op zijn gasten. Toen de avond begon te vallen, hoorde Boeuf bourguignon het geluid van koetswielen die door de regen naderden. Zijn hart sloeg over terwijl hij zich haastte om kaarsen aan te steken en de laatste hand te leggen aan zijn maaltijd. De gasten waren er. Het etentje was een groter succes dan Boeuf bourguignon had durven dromen. Zijn gerecht kreeg lovende kritieken, en zelfs de meest kritische gasten moesten toegeven dat het **heerlijk** was. Hij straalde van trots toen hij hun complimenten in ontvangst nam, met het gevoel dat hij eindelijk een chef was geworden.

Questions de compréhension

1. Quel est le nom du plat que prépare le protagoniste ?

2. Pour quel genre d'événement le protagoniste prépare-t-il le plat ?

3. Pourquoi le plat du protagoniste est-il spécial ?

4. Que ressent le protagoniste à propos du dîner ?

5. À quel bruit le protagoniste se réveille-t-il ?

6. Comment le protagoniste réagit-il en entendant le son ?

7. Quel est l'objectif du protagoniste pour le dîner ?

8. Le dîner se déroule-t-il comme prévu ?

9. Comment le protagoniste se sent-il après le dîner ?

10. Que devient le protagoniste ?

Begrip vragen

1. Wat is de naam van het gerecht dat de hoofdpersoon aan het maken is?

2. Voor wat voor soort gebeurtenis bereidt de hoofdpersoon het gerecht?

3. Waarom is het gerecht van de hoofdpersoon speciaal?

4. Wat vindt de hoofdpersoon van het etentje?

5. Met welk geluid wordt de hoofdpersoon wakker?

6. Hoe reageert de hoofdpersoon bij het horen van het geluid?

7. Wat is het doel van de hoofdpersoon voor het etentje?

8. Verloopt het etentje zoals gepland?

9. Hoe voelt de hoofdpersoon zich na het etentje?

10. Wat gebeurt er met de hoofdpersoon?

Révolution française

C'était une nuit sombre et orageuse. C'était le genre de nuit qui vous fait croire que tout peut arriver. Et cette nuit-là, en 1789, il s'est passé quelque chose. C'était le début de la Révolution française. Le peuple français était **malheureux** depuis de nombreuses années. Ils étaient fatigués d'être gouvernés par un roi qui se souciait plus de lui-même que de ses sujets. Ils en avaient assez d'être taxés pour payer son style de vie **somptueux** alors qu'ils avaient du mal à joindre les deux bouts. Et ils étaient surtout fatigués de voir leurs amis et leurs familles mourir dans des guerres qu'il avait déclenchées juste pour le plaisir. Trop, c'est trop ! En cette nuit fatidique, un groupe d'hommes et de femmes **courageux** se sont rassemblés dans le centre de Paris pour demander à leur roi de changer. Ils voulaient la démocratie et l'**égalité**, et ils étaient prêts à se battre pour cela si nécessaire. Au fur et à mesure que la nouvelle se répandait dans la ville, de plus en plus de personnes se joignaient à la foule grandissante, jusqu'à ce qu'il y ait une armée en son sein, prête à affronter quiconque tenterait de les arrêter. Le roi, bien sûr, n'était pas prêt à abandonner son **pouvoir** sans se battre. Il a fait appel aux militaires pour réprimer le soulèvement, mais ils ont rapidement été **dépassés par le nombre** et par les révolutionnaires. Les gens se sont

Franse revolutie

Het was een donkere en stormachtige nacht. Het was het soort nacht dat je deed geloven dat alles kon gebeuren. En op deze specifieke nacht, in het jaar 1789, gebeurde er ook iets. Het was het begin van de Franse Revolutie. Het Franse volk was al vele jaren **ongelukkig**. Ze waren het zat geregeerd te worden door een koning die meer om zichzelf gaf dan om zijn onderdanen. Ze waren het beu belasting te moeten betalen om zijn **overdadige** levensstijl te bekostigen, terwijl zij moeite hadden om de eindjes aan elkaar te knopen. En ze waren het vooral beu om hun vrienden en families te zien sterven in oorlogen die hij voor zijn plezier was begonnen. Genoeg was genoeg! Op deze noodlottige nacht verzamelde een groep **dappere** mannen en vrouwen zich in het centrum van Parijs om verandering van hun koning te eisen. Ze wilden democratie en **gelijkheid**, en ze waren bereid daarvoor te vechten als dat nodig was. Naarmate het nieuws zich door de stad verspreidde, sloten meer en meer mensen zich bij de groeiende menigte aan, tot er een leger in de kern was, klaar om iedereen aan te pakken die hen probeerde tegen te houden. De koning was natuurlijk niet van plan zijn **macht** zonder slag of stoot op te geven. Hij riep het leger op om de opstand de kop **in te** drukken, maar zij waren al snel **in de minderheid** en

battus avec passion et détermination, et en quelques jours, ils ont pris le contrôle de la ville.

La révolution a commencé ! Pendant des mois, les **combats** se poursuivent alors que les révolutionnaires tentent de diffuser leur **message** dans toute la France. Ils se heurtent à la résistance de ceux qui soutiennent encore le roi, mais ils finissent par gagner suffisamment de cœurs et d'esprits pour faire de réels progrès. Finalement, après des années de lutte, la démocratie est déclarée victorieuse et le roi Louis XVI est **renversé**. La Révolution française était terminée... du moins c'est ce qu'il semblait. Malheureusement, la nouvelle démocratie n'a pas duré longtemps. Le peuple est divisé sur le type de gouvernement qu'il souhaite, et une nouvelle guerre civile éclate rapidement. Cette fois, elle a été encore **plus sanglante** que la première, les **frères** se battant les uns contre les autres. Le pays est dans le chaos, mais de ce chaos, un nouveau leader émerge. Il s'appelait Napoléon Bonaparte, et il a rapidement accédé au pouvoir en promettant d'apporter l'ordre à cette nation **chaotique**. Et pendant un temps, il semblait qu'il allait réussir.

overklast door de revolutionairen. Het volk vocht met passie en vastberadenheid, en binnen enkele dagen hadden ze de stad in handen.

De revolutie is begonnen! Maandenlang gingen de **gevechten** door terwijl de revolutionairen hun **boodschap** door heel Frankrijk probeerden te verspreiden. Zij stuitten op verzet van degenen die de koning nog steunden, maar uiteindelijk wonnen zij genoeg harten en geesten om echte vooruitgang te boeken. Uiteindelijk, na jaren van strijd, werd de democratie als overwinnaar uitgeroepen en werd koning Lodewijk XVI **omvergeworpen**. De Franse Revolutie was tot een einde gekomen... althans zo leek het. Helaas duurde de nieuwe democratie niet lang. Het volk was verdeeld over wat voor soort regering het wilde, en niet lang daarna brak er een nieuwe burgeroorlog uit. Deze keer was het nog **bloediger** dan de eerste, toen **broers** tegen broers vochten. Het land was in chaos, maar uit die chaos, kwam een nieuwe leider tevoorschijn. Zijn naam was Napoleon Bonaparte, en hij kwam snel aan de macht door te beloven orde te scheppen in het **chaotische** land. En een tijd lang leek het erop dat hij zou slagen.

Questions de compréhension

1. Qu'est-ce que la Révolution française ?

2. Pourquoi le peuple français était-il malheureux ?

3. Que voulait le peuple de son roi ?

4. Que s'est-il passé lors de la nuit fatidique ?

5. Qui était Napoléon Bonaparte ?

6. Qu'a fait Napoléon pour la France ?

7. Pourquoi les ennemis de Napoléon se sont-ils soulevés contre lui ?

8. Quel a été l'héritage de la Révolution française ?

9. Que dit le texte sur la démocratie ?

10. Que dit le texte sur la place de la Révolution française dans l'histoire ?

Begrip vragen

1. Wat was de Franse Revolutie?

2. Waarom was het Franse volk ongelukkig?

3. Wat wilde het volk van hun koning?

4. Wat gebeurde er op de noodlottige nacht?

5. Wie was Napoleon Bonaparte?

6. Wat heeft Napoleon voor Frankrijk gedaan?

7. Waarom kwamen de vijanden van Napoleon tegen hem in opstand?

8. Wat was de erfenis van de Franse Revolutie?

9. Wat zegt de tekst over democratie?

10. Wat zegt de tekst over de plaats van de Franse Revolutie in de geschiedenis?

Monet

Le soleil se couche, et le ciel s'embrase de couleurs. Monet était assis sur la rive de la **rivière**, peignant la scène devant lui. La lumière dansait sur l'eau, créant un **millier de** teintes différentes. Le pinceau de Monet volait sur la toile, capturant tout. Il a toujours été attiré par la couleur. Enfant, il passait des heures à contempler des **arcs-en-ciel** et des couchers de soleil. Sa mère avait l'habitude de lui dire qu'il était né avec un **pinceau à** la main. Et elle avait raison : dès son plus jeune âge, Monet savait qu'il voulait être un artiste. À vingt-cinq ans, il était l'un des peintres les plus célèbres de France. Il avait exposé ses œuvres à Paris et à Londres, et ses peintures étaient recherchées par les **collectionneurs de** toute l'Europe. Mais quel que soit son succès, Monet est toujours resté humble ; pour lui, l'art n'était pas une question de gloire ou de fortune - il s'agissait simplement d'exprimer la beauté par la **couleur**.

Ce soir, Monet peignait l'un de ses sujets favoris : la Seine. Il avait toujours été fasciné par la façon dont l'**eau** changeait de couleur selon l'heure du jour et les conditions **météorologiques**. C'était comme une toile vivante, en constante évolution. Il plongea son pinceau dans la **peinture** et commença à travailler.

Monet

De zon ging onder, en de lucht was in vuur en vlam.
Monet zat aan de oever van de **rivier** en schilderde
het tafereel voor hem. Het licht danste op het water
en creëerde **duizend** verschillende tinten. Monet's
penseel vloog over het doek en legde alles vast. Hij
was altijd al aangetrokken tot kleur. Als kind staarde
hij al uren naar **regenbogen** en zonsondergangen.
Zijn moeder vertelde hem altijd dat hij geboren was
met een **penseel** in zijn hand. En ze had gelijk - al
op jonge leeftijd wist Monet dat hij kunstenaar wilde
worden. Toen hij vijfentwintig jaar oud was, was hij
een van de meest gevierde schilders van Frankrijk.
Hij had zijn werk tentoongesteld in Parijs en Londen,
en zijn schilderijen waren gewild bij **verzamelaars** in
heel Europa. Maar hoeveel succes hij ook behaalde,
Monet bleef altijd bescheiden; voor hem ging kunst
niet om roem of fortuin - het ging hem gewoon om het
uitdrukken van schoonheid door middel van **kleur**.

Vanavond schilderde Monet een van zijn favoriete
onderwerpen: de rivier de Seine. Hij was altijd al
gefascineerd door de manier waarop het **water van**
kleur veranderde, afhankelijk van het tijdstip van de dag
en **de** weersomstandigheden. Het was als een levend

La lumière déclinait rapidement, mais cela ne le dérangeait pas ; il aimait peindre au crépuscule. Il y avait quelque chose de **magique**, comme si tout était possible. Soudain, il entendit des bruits de pas derrière lui. Il se retourne pour voir une jeune femme marcher vers lui. Elle semblait perdue et confuse, et Monet ne pouvait s'empêcher d'être attiré par elle. Alors qu'elle se rapprochait, Monet a pu voir qu'elle était très **belle**. Elle avait de longs **cheveux** noirs et des yeux bleus perçants. Elle lui rappelait quelqu'un... mais il n'arrivait pas à savoir qui c'était.

"Excusez-moi", dit-elle doucement, "Savez-vous où je suis ?" "Vous êtes en France", répond Monet en souriant, "mais plus précisément, vous vous trouvez devant mon chevalet". La femme a l'air **surprise**. Je suis désolée, je ne voulais pas m'imposer... Je cherche juste quelqu'un. "Qui cherchez-vous ?" demande Monet avec curiosité. "Je m'appelle Anna", répond-elle. "Je cherche un **artiste** qui s'appelle Claude Monet." Le coeur de Monet a fait un bond quand il l'a entendue dire son nom. Serait-ce la même Anna qu'il avait connue autrefois ? Il ne l'avait pas vue depuis qu'ils étaient tous deux **enfants**. Mais ça ne peut pas être une coïncidence, n'est-ce pas ? Sans un mot de plus, Monet remballe ses peintures et ses pinceaux. Puis, sans réfléchir davantage, il prend la main d'Anna et l'emmène loin de la rive. Ils **marchent dans les** rues de Paris jusqu'à ce qu'ils atteignent son **atelier**.

doek, voortdurend in beweging. Hij doopte zijn penseel in de **verf** en begon te werken. Het licht vervaagde snel, maar dat vond hij niet erg; hij hield van schilderen in de schemering. Er was iets **magisch** aan, alsof alles mogelijk was. Plotseling hoorde hij voetstappen achter zich. Hij draaide zich om en zag een jonge vrouw naar hem toe lopen. Ze zag er verloren en verward uit, en Monet kon niet anders dan zich tot haar aangetrokken voelen. Toen ze dichterbij kwam, kon Monet zien dat ze erg **mooi** was. Ze had lang, donker **haar** en doordringende blauwe ogen. Ze deed hem aan iemand denken... maar hij kon niet goed plaatsen wie het was.

"Pardon," zei ze zacht, "weet u waar ik ben?" "U bent in Frankrijk," antwoordde Monet met een glimlach. "Maar meer specifiek, u staat voor mijn schildersezel." De vrouw keek **verbaasd**. Het spijt me, ik wilde me niet opdringen... Ik ben gewoon op zoek naar iemand. "Wie zoek je?" vroeg Monet nieuwsgierig. "Mijn naam is Anna," antwoordde ze. "Ik ben op zoek naar een **kunstenaar** die Claude Monet heet." Monets hart sloeg een slag over toen hij haar zijn naam hoorde zeggen. Zou dit dezelfde Anna zijn die hij ooit gekend had? Hij had haar niet meer gezien sinds ze beiden **kinderen** waren. Maar dat kon toch geen toeval zijn? Zonder nog een woord te zeggen, pakte Monet zijn verf en penselen. En dan, zonder verder na te denken, nam hij Anna's hand en leidde haar weg van de rivieroever. Ze **liepen** door de straten van Parijs tot aan zijn **atelier**.

Questions de compréhension

1. Que représente l'art pour Monet ?

2. Pourquoi Monet est-il attiré par la femme qu'il rencontre ?

3. A quoi la femme lui fait-elle penser ?

4. Où Monet emmène-t-il la femme qu'il rencontre ?

5. Comment Monet connaît-il la femme qu'il rencontre ?

6. Quel est le sujet que Monet préfère peindre ?

7. À quel moment de la journée Monet préfère-t-il peindre ?

8. Dans quel autre endroit l'œuvre de Monet est-elle exposée ?

9. Que pense Monet de son succès ?

10. Quand Monet a-t-il vu pour la dernière fois la femme qu'il rencontre ?

Begrip vragen

1. Wat zegt Monet dat kunst voor hem is?

2. Waarom is Monet aangetrokken tot de vrouw die hij ontmoet?

3. Waar doet de vrouw hem aan denken?

4. Waar neemt Monet de vrouw mee naartoe die hij ontmoet?

5. Hoe kent Monet de vrouw die hij ontmoet?

6. Wat is Monet's favoriete onderwerp om te schilderen?

7. Op welk uur van de dag schildert Monet het liefst?

8. Op welke andere plaats wordt het werk van Monet tentoongesteld?

9. Hoe voelt Monet zich over zijn succes?

10. Wanneer heeft Monet de vrouw die hij ontmoet voor het laatst gezien?

Festival du film de Cannes

Le Festival de Cannes est l'un des événements les plus **prestigieux** de l'industrie cinématographique. Chaque année, la crème de la crème d'Hollywood descend sur la Côte d'Azur pour deux semaines de paillettes, de glamour et de **magie** cinématographique. Cette année n'a pas dérogé à la règle, puisque des vedettes du monde entier sont venues participer à ce que l'on appelle désormais "l'expérience ultime du festival du film". Pour l'actrice en herbe Lily James, participer au festival de Cannes était un rêve devenu réalité. Elle a toujours voulu faire partie de l'**action** et voir de près comment les plus grands noms d'Hollywood opèrent. Aussi, lorsqu'elle a reçu une invitation à participer au **festival de** cette année en tant qu'invitée de son ami et camarade acteur Ryan Gosling, elle n'a pas pu dire non. Lily est arrivée le premier jour du festival et s'est immédiatement sentie comme un **poisson** hors de l'eau. Elle n'avait pas l'habitude d'être entourée de tant de richesse et de luxe. Mais elle s'est vite retrouvée au cœur de l'effervescence, profitant de chaque minute de son séjour à Cannes. Elle a assisté à des soirées organisées par de **grands** studios, a côtoyé les plus grandes stars d'Hollywood et a même décroché un rôle

Filmfestival van Cannes

Het filmfestival van Cannes is een van de meest **prestigieuze** evenementen in de filmindustrie. Elk jaar komen de besten en slimsten van Hollywood naar de Franse Rivièra voor twee weken vol glitter, glamour en **magische** films. Dit jaar was het niet anders, want er kwamen A-listers van over de hele wereld om deel te nemen aan wat bekend is geworden als "de ultieme filmfestival ervaring". Voor aspirant-actrice Lily James was het bijwonen van Cannes een droom die uitkwam. Ze had altijd al eens deel willen uitmaken van de **actie** en uit eerste hand willen zien hoe de grootste namen in Hollywood te werk gaan. Dus toen ze een uitnodiging kreeg om het **festival** van dit jaar bij te wonen als gast van haar vriend en collega-acteur Ryan Gosling, kon ze geen nee zeggen. Lily arriveerde op de eerste dag van het festival en voelde zich meteen als een **vis** uit het water. Ze was het niet gewend om omringd te zijn door zoveel rijkdom en luxe. Maar al snel werd ze meegesleept in de opwinding en genoot ze van elke minuut van haar verblijf in Cannes. Ze woonde feestjes bij die door **grote** studio's werden georganiseerd, ze wreef ellebogen met enkele van Hollywoods grootste sterren, en ze liep zelfs weg met een felbegeerde rol in

convoité dans une superproduction à venir, réalisée par
Quentin Tarantino lui-même ! C'était tout ce dont elle
aurait pu rêver, et plus encore.

Les jours suivants se sont écoulés dans un flou total
pour Lily. Elle se levait tôt chaque **matin**, assistait à
des conférences de presse et à des événements sur
le tapis rouge pendant la journée, puis se rendait aux
soirées le soir. Elle en appréciait chaque minute, mais
elle commençait aussi à se sentir un peu **dépassée**.
Un soir, elle s'est retrouvée assise au bord du **balcon
de** son hôtel, à contempler les lumières scintillantes
de Cannes. Tout était si beau, mais aussi si écrasant.
Soudain, elle a senti quelqu'un s'asseoir à côté d'elle
et poser une main **réconfortante** sur son épaule.
C'était Ryan Gosling. Il avait gardé un œil sur elle de
loin et pouvait voir qu'elle commençait à être dépassée
par les événements. Il a donc décidé d'aller la voir et
de s'assurer qu'elle allait **bien**. Ils sont restés assis
ensemble pendant un moment, à discuter et à profiter
de la compagnie de l'autre sous les étoiles"("Je suis si
heureux que tu sois là, Lily", a finalement dit Ryan. Ce
festival peut être très difficile à gérer, mais c'est aussi
une **expérience** incroyable. Je suis juste heureux que
tu puisses la partager avec moi. "

een aankomende blockbuster film geregisseerd door Quentin Tarantino zelf! Het was alles waar ze ooit van had kunnen dromen, en meer.

De volgende dagen verliepen voor Lily in een waas. Ze was elke **ochtend** vroeg op, woonde overdag persconferenties en rode loper-evenementen bij en ging 's avonds naar de feestjes. Ze genoot van elke minuut, maar ze begon zich ook een beetje **overweldigd te voelen**. Op een avond zat ze op de rand van het **balkon** van haar hotel, starend naar de fonkelende lichtjes van Cannes beneden. Het was allemaal zo mooi, maar ook zo overweldigend. Plotseling voelde ze iemand naast zich zitten en een **troostende** hand op haar schouder leggen. Het was Ryan Gosling. Hij had haar van op een afstand in het oog gehouden en kon merken dat ze door alles overweldigd begon te worden. Dus besloot hij te gaan kijken of alles **goed met haar ging**. Ze zaten daar een tijdje samen, praatten wat en genoten van elkaars gezelschap onder de sterrenhemel. Ik ben zo blij dat je er bent, Lily," zei Ryan uiteindelijk. Dit festival kan veel zijn om te verwerken, maar het is ook een ongelooflijke **ervaring**. Ik ben gewoon blij dat je het met mij kan delen. "

Questions de compréhension

1. Qu'est-ce que le Festival de Cannes ?

2. Quelle est l'importance du Festival de Cannes ?

3. Qui a participé au Festival de Cannes cette année ?

4. Quelle a été l'expérience de Lily James au Festival du film de Cannes ?

5. Comment Ryan Gosling a-t-il aidé Lily James au Festival de Cannes ?

6. Qu'ont fait Lily James et Ryan Gosling à la fin du festival ?

7. Qu'est-il arrivé à Lily James après le Festival de Cannes ?

8. Quel est le film dans lequel Lily James a joué après le Festival de Cannes ?

9. Comment le film a-t-il été accueilli après sa sortie ?

10. Que pense Lily James de son expérience au Festival de Cannes ?

Begrip vragen

1. Wat is het filmfestival van Cannes?

2. Wat is de betekenis van het filmfestival van Cannes?

3. Wie was er dit jaar op het filmfestival van Cannes?

4. Wat was Lily James' ervaring op het Cannes Film Festival?

5. Hoe hielp Ryan Gosling Lily James op het Cannes Film Festival?

6. Wat deden Lily James en Ryan Gosling aan het eind van het festival?

7. Wat gebeurde er met Lily James na het Cannes Film Festival?

8. In welke film speelde Lily James de hoofdrol na het Cannes Film Festival?

9. Hoe deed de film het nadat hij was uitgebracht?

10. Wat vond Lily James van haar ervaring op het Cannes Film Festival?

Camembert

La première fois que j'ai goûté du camembert, c'était lors d'un voyage en France avec ma famille. Nous séjournions dans un petit **village de** la vallée de la Loire et, un soir, nous avons décidé de nous rendre à la fromagerie locale. Le commerçant nous a accueillis chaleureusement et nous a offert à chacun un morceau de ce fromage doux et **crémeux** sur une baguette croustillante. C'était le coup de foudre. Depuis lors, j'ai toujours eu un faible pour le camembert. Chaque fois que je le vois sur un menu ou à l'épicerie, je ne peux pas résister à l'envie de l'acheter. Même s'il n'est pas vraiment **bon marché**, il vaut chaque centime pour ce moment de pur bonheur où l'on prend la première bouchée. Ce soir, je m'offre un dîner spécial composé de poulet **rôti** maison, de pommes de terre au romarin et, bien sûr, de camembert cuit dans son petit plat **en céramique**. Rien que d'y penser, j'en ai l'eau à la bouche. Je mets la table avec mes meilleures assiettes et mes meilleurs verres, j'allume une bougie et je me sers un verre de vin blanc. Puis je me dirige vers la cuisine pour vérifier la nourriture. Le **poulet** était presque prêt, alors je l'ai mis sous le gril pour le faire dorer quelques minutes. Les pommes de terre sont croustillantes et dorées, comme je les aime. Et le camembert commence à suinter de sa croûte - parfait !

Camembert

De eerste keer dat ik Camembert proefde was tijdens een reis met mijn gezin naar Frankrijk. We logeerden in een klein **dorpje** in de Loire-vallei, en op een avond besloten we de plaatselijke kaasmakerij binnen te lopen. De winkelier begroette ons hartelijk en bood ons elk een stuk van de zachte, **romige** kaas op een knapperig stokbroodje aan. Het was liefde op het eerste gezicht. Sindsdien ben ik altijd dol geweest op Camembert. Telkens als ik hem op een menukaart of in de supermarkt zie, kan ik het niet laten hem te kopen. Ook al is hij niet echt **goedkoop**, hij is elke cent waard voor dat moment van pure gelukzaligheid wanneer je die eerste hap neemt. Vanavond trakteer ik mezelf op een speciaal diner van **zelfgebraden** kip met rozemarijnaardappeltjes en, natuurlijk, Camembert gebakken in zijn eigen kleine **keramische** schaal. Alleen al het denken eraan doet me watertanden. Ik dek de tafel met mijn mooiste borden en glazen, steek een kaars aan en schenk mezelf een glas witte wijn in. Dan ga ik naar de keuken om het eten te controleren. De **kip** was bijna klaar, dus die heb ik onder de grill gelegd om een paar minuten bruin te bakken. De aardappels zijn knapperig en goudbruin, precies zoals ik ze graag heb. En de Camembert begint uit zijn korst te komen - perfect!

J'ai tout mis dans mon assiette et je me suis assis à la table. Prendre cette première bouchée de fromage est un pur **délice...** meilleur que n'importe quel repas de restaurant que j'ai pu manger ! Alors que je savoure chaque morceau de nourriture dans mon assiette, je sais que c'est un dîner dont je me souviendrai toujours avec émotion. Ce soir, je partage mon amour du camembert avec mes propres enfants. Ils n'en ont jamais mangé auparavant, alors je suis impatiente de voir leur **réaction**. Comme prévu, ils sont tous deux sceptiques à la première bouchée. Mais après quelques bouchées supplémentaires (et un peu de conviction de ma part), ils sont tous les deux accros ! Il semble que nous aurons plus souvent du camembert au dîner à partir de maintenant. Mes goûts changent et évoluent avec l'âge. Mais une chose qui est restée constante, c'est mon **amour** pour le camembert. Ces jours-ci, j'aime **expérimenter** avec différentes recettes et associations. Je l'ai essayé avec toutes sortes de fruits, de confitures et même de **charcuterie**. C'est toujours délicieux !

Ik gooide alles op mijn bord en ging aan tafel zitten. Die eerste hap van die lekkere kaas is **hemels...** beter dan elke maaltijd die ik ooit in een restaurant heb gehad! Terwijl ik geniet van elk laatste restje eten op mijn bord, weet ik dat dit een diner zal zijn waar ik altijd met plezier aan terug zal denken. Vanavond deel ik mijn liefde voor Camembert met mijn eigen kinderen. Ze hebben het nog nooit gegeten, dus ik ben benieuwd naar hun **reactie**. Zoals verwacht, zijn ze allebei sceptisch bij de eerste hap. Maar na nog een paar happen (en wat overtuigingskracht van mij), zijn ze allebei verkocht! Het ziet er naar uit dat we vanaf nu vaker Camembert als avondeten zullen hebben. Mijn smaak verandert en evolueert naarmate ik ouder word. Maar een ding dat constant is gebleven is mijn **liefde** voor Camembert. Tegenwoordig **experimenteer** ik graag met verschillende recepten en combinaties. Ik heb het geprobeerd met allerlei soorten fruit, jam, en zelfs met **vleeswaren**. Het is altijd heerlijk!

Questions de compréhension

1. Quel est le premier souvenir de l'auteur concernant le camembert ?

2. Qu'a fait le commerçant lorsque l'auteur et sa famille sont entrés dans la fromagerie ?

3. Que dit l'auteur du camembert par rapport aux repas de restaurant ?

4. Qu'est-ce que l'auteur fait de différent avec le camembert quand elle se sent aventureuse ?

5. Comment l'auteur mange-t-il habituellement le camembert ?

6. Que dit l'auteur à propos du goût du camembert ?

7. Que dit l'auteur à propos du prix du camembert ?

8. Où l'auteur dit-elle avoir mangé du camembert pour la première fois ?

9. Quelle est l'opinion de l'auteur sur le camembert ?

10. À quoi le camembert fait-il penser pour l'auteur ?

Begrip vragen

1. Wat is de eerste herinnering van de auteur aan Camembert?

2. Wat deed de winkelier toen de schrijfster en haar gezin in de fromagerie kwamen?

3. Wat zegt de auteur over Camembert in vergelijking met restaurantmaaltijden?

4. Wat doet de schrijfster anders met Camembert als ze zich avontuurlijk voelt?

5. Hoe eet de auteur gewoonlijk Camembert?

6. Wat zegt de auteur over de smaak van Camembert?

7. Wat zegt de schrijver over de prijs van Camembert?

8. Waar zegt de schrijfster dat ze voor het eerst Camembert gegeten heeft?

9. Wat is de mening van de auteur over Camembert?

10. Waar doet Camembert de schrijver aan denken?

Le Louvre

Le Louvre était autrefois un grand **palais**, où vivaient les rois et les reines de France. Mais aujourd'hui, c'est un musée, rempli d'art et d'histoire. Les visiteurs viennent du monde entier pour voir la Joconde, la Vénus de Milo et d'autres œuvres d'art célèbres. Mais il y a une peinture qui n'est pas exposée. Elle est cachée dans une pièce **secrète**, au plus profond du Louvre. Cette peinture s'appelle "La Cène". Il a été peint par Léonard de Vinci, mais il n'a jamais été terminé. Certains disent que Léonard de Vinci l'a laissé inachevé parce qu'il savait qu'un jour il vaudrait plus que n'importe quel autre **tableau** dans le monde. Personne ne sait avec certitude pourquoi le tableau est **caché**. Mais certains pensent qu'elle contient un **message** secret de De Vinci lui-même. Un message qui pourrait changer le monde à jamais. Le Louvre est l'une des destinations touristiques les plus populaires de Paris. Mais ce jour-là, il n'y a qu'un seul visiteur. Une jeune femme nommée Sarah. Elle est venue voir le tableau de la Cène. Sarah sait que le tableau est **inachevé**. Mais elle sait aussi qu'il contient un message caché. Un message de Léonard de Vinci lui-même.

Elle a étudié le tableau pendant des années et elle

Het Louvre

Het Louvre was ooit een groot **paleis**, de thuisbasis van Franse koningen en koninginnen. Maar nu is het een museum, gevuld met kunst en geschiedenis. Bezoekers komen van over de hele wereld om de Mona Lisa, de Venus van Milo en andere beroemde kunstwerken te zien. Maar er is één schilderij dat niet tentoongesteld wordt. Het is verborgen in een **geheime** kamer, diep in het Louvre. Dit schilderij heet "Het Laatste Avondmaal." Het is geschilderd door Leonardo da Vinci, maar het is nooit afgemaakt. Sommigen zeggen dat Da Vinci het onafgemaakt liet omdat hij wist dat het op een dag meer waard zou zijn dan enig ander **schilderij ter** wereld. Niemand weet zeker waarom het schilderij **verborgen** is. Maar sommigen geloven dat het een geheime **boodschap** van Da Vinci zelf bevat. Een boodschap die de wereld voor altijd zou kunnen veranderen.

Het Louvre is een van de populairste toeristische bestemmingen in Parijs. Maar op deze dag, is er maar één bezoeker. Een jonge vrouw genaamd Sarah. Ze is gekomen om het schilderij van het Laatste Avondmaal te zien. Sarah weet dat het schilderij **niet af** is. Maar ze weet ook dat het een verborgen boodschap bevat. Een boodschap van Leonardo da Vinci zelf.

Zij heeft het schilderij jarenlang bestudeerd, en zij is

est convaincue qu'elle peut **décoder le** message si elle parvient à l'observer de plus près. Mais lorsque Sarah tente d'entrer dans la pièce où est conservée la peinture, elle la trouve **fermée à clé**. Il doit y avoir un autre moyen d'entrer, se dit-elle. Elle commence à chercher une porte cachée ou un passage secret. Sarah passe des heures à chercher un moyen d'entrer dans la pièce secrète, mais elle ne trouve rien. Elle est sur le point d'abandonner lorsqu'elle entend quelqu'un se diriger vers elle dans le **couloir**. C'est la sécurité ! Ils l'ont surprise en train de fouiner, et maintenant ils vont la jeter hors du Louvre. Sarah est escortée hors du Louvre par la sécurité. Mais elle ne se **décourage** pas. Elle sait que le tableau contient un message de Léonard de Vinci. Et elle est déterminée à le trouver. Plus tard dans la nuit, Sarah retourne au Louvre. Elle escalade la clôture et se faufile dans le bâtiment. Elle se dirige vers la pièce secrète, et cette fois, elle trouve une porte cachée. Elle **entre dans la** pièce, et là, devant elle, se trouve "La Cène".

ervan overtuigd dat zij de boodschap kan **ontcijferen** als zij het maar van dichtbij kan bekijken. Maar wanneer Sarah de kamer waar het schilderij wordt bewaard probeert binnen te gaan, vindt ze die **op slot**. Er moet een andere manier zijn om binnen te komen, denkt ze bij zichzelf. Ze begint te zoeken naar een verborgen deur of een geheime doorgang. Sarah besteedt uren aan het zoeken naar een weg naar de geheime kamer, maar ze kan niets vinden. Ze staat op het punt het op te geven als ze iemand door de **gang** naar haar toe hoort komen. Het is de bewaking! Ze hebben haar betrapt op rondneuzen, en nu gaan ze haar uit het Louvre gooien. Sarah wordt door de beveiliging het Louvre uitgezet. Maar ze is niet **ontmoedigd**. Ze weet dat het schilderij een boodschap bevat van Leonardo da Vinci. En ze is vastbesloten het te vinden. Later die avond gaat Sarah terug naar het Louvre. Ze klimt over het hek en sluipt het gebouw binnen. Ze gaat naar de geheime kamer, en deze keer vindt ze een verborgen deur. Ze **gaat** de kamer binnen, en daar voor haar staat "Het Laatste Avondmaal."

Questions de compréhension

1. Quel est le nom du tableau qui est caché au Louvre ?

2. Qui a peint la Cène ?

3. Pourquoi le tableau est-il caché ?

4. Comment Sarah sait-elle que le tableau contient un message caché ?

5. Que trouve Sarah lorsqu'elle décode le message de Léonard de Vinci ?

6. Pourquoi Sarah ne peut-elle parler à personne du message qu'elle a trouvé ?

7. Quel est le plan de Sarah pour financer ses propres recherches ?

8. Que se passerait-il si l'on apprenait le message caché de la peinture ?

9. Que pense Sarah du décodage du message ?

10. Quel thème est présent dans le texte ?

Begrip vragen

1. Wat is de naam van het schilderij dat verstopt is in het Louvre?

2. Wie schilderde het Laatste Avondmaal?

3. Waarom is het schilderij verstopt?

4. Hoe weet Sarah dat het schilderij een verborgen boodschap bevat?

5. Wat vindt Sarah als ze de boodschap van Leonardo da Vinci ontcijfert?

6. Waarom kan Sarah niemand vertellen over de boodschap die ze vond?

7. Wat is Sarah's plan om haar eigen onderzoek te financieren?

8. Wat zou er gebeuren als de verborgen boodschap van het schilderij bekend werd?

9. Hoe denkt Sarah over het decoderen van de boodschap?

10. Welk thema komt in de tekst voor?

Mont Blanc

L'air était **raréfié** et le froid mordant. Mais je m'en fichais. Cela faisait des années que je rêvais de ce moment - me retrouver enfin au sommet du Mont Blanc, la plus haute **montagne** d'Europe. J'ai commencé mon ascension tôt le matin, avant que le soleil n'ait eu le temps de réchauffer les choses. Au début, c'était difficile, mais j'ai vite trouvé mon **rythme** et je me suis installé à un rythme confortable. De temps en temps, je m'arrêtais pour reprendre mon souffle et admirer la vue magnifique qui m'entourait. À mesure que je prenais de l'altitude, le paysage changeait radicalement. Les champs **verts** et les forêts d'en bas avaient disparu au profit de rochers **déchiquetés** couverts de neige et de glace. Mais j'ai continué à avancer, jusqu'à ce que j'atteigne le sommet. Il n'y avait pas grand-chose à voir là-haut - juste d'autres **rochers** couverts de neige - mais cela n'avait pas d'importance. J'ai réussi ! Contre toute attente, j'avais gravi le Mont Blanc.

La montée avait été longue et difficile, mais j'étais enfin au sommet du Mont Blanc. La vue était incroyable, je pouvais voir à des kilomètres dans toutes les directions. Mais plus que cela, j'ai ressenti un sentiment d'**accomplissement**. C'était quelque chose que

Mont Blanc

De lucht was **ijl** en de kou was bijtend. Maar dat kon me niet schelen. Ik droomde al jaren van dit moment - eindelijk op de top van de Mont Blanc, de hoogste **berg** van Europa. Ik begon mijn beklimming vroeg in de ochtend, voordat de zon de kans had gehad om op te warmen. In het begin was het zwaar, maar ik vond al snel mijn **ritme** en kwam in een comfortabel tempo. Af en toe stopte ik om op adem te komen en de prachtige uitzichten om me heen in me op te nemen. Naarmate ik hoger en hoger kwam, veranderde het landschap drastisch. De **groene** velden en bossen van lager gelegen gebieden waren verdwenen; in de plaats kwamen **grillige** rotsen bedekt met sneeuw en ijs. Maar ik bleef doorgaan, tot ik uiteindelijk de top bereikte. Er was daar niet veel te zien - alleen maar meer **rotsen** bedekt met sneeuw - maar dat maakte niet uit. Ik heb het gehaald! Tegen alle verwachtingen in, had ik de Mont Blanc beklommen.

Het was een lange, zware **klim geweest**, maar eindelijk stond ik op de top van de Mont Blanc. Het uitzicht was ongelooflijk - ik kon kilometers ver kijken in elke richting. Maar meer dan dat, voelde ik een gevoel van

j'avais toujours voulu faire, et maintenant je l'ai fait !
J'ai savouré ce moment aussi longtemps que possible
avant d'entamer ma descente. La descente a été
beaucoup plus facile que la montée, et j'ai rapidement
retrouvé des altitudes **plus basses** où l'air était plus
épais et la **température** plus chaude. Alors que je
retournais vers la **civilisation**, toutes sortes d'émotions
me traversaient l'esprit : fierté, joie, satisfaction. Ce fut
un voyage épique, tant sur le plan physique que mental,
mais qui en valait vraiment la peine. C'était le rêve de
toute une vie d'escalader le Mont Blanc, et j'y étais
enfin parvenu. Le sentiment d'accomplissement était
indescriptible lorsque je me tenais au sommet et que je
regardais la vue imprenable dans toutes les directions.

Mais le voyage n'a pas été facile. Il y a eu des moments
où j'ai cru que je n'y arriverais pas, mais j'ai trouvé la
force de continuer. Maintenant que c'était terminé, je
pouvais regarder en arrière avec fierté et **satisfaction**.
J'ai vécu une expérience incroyable du début à la fin,
une expérience qui restera gravée dans ma mémoire
pour le reste de ma vie. Et qui sait, peut-être qu'un jour,
je reviendrai pour tenter à nouveau de **conquérir la**
plus haute montagne d'Europe. J'avais toujours voulu
escalader le Mont Blanc, mais je n'avais jamais pensé
que je le ferais.

prestatie. Dit was iets wat ik altijd al had willen doen, en nu heb ik het gedaan! Ik genoot zo lang mogelijk van het moment voordat ik aan de afdaling begon. Naar beneden was veel gemakkelijker dan naar boven, en snel genoeg was ik terug op **lagere** hoogtes waar de lucht dikker was en de **temperatuur** warmer. Terwijl ik mijn weg terug naar **de bewoonde wereld vervolgde**, gierden allerlei emoties door mijn hoofd - trots, vreugde, tevredenheid. Het was een epische reis geweest, zowel fysiek als mentaal, maar een die het uiteindelijk zeker waard was geweest. Het was een **levenslange droom** geweest om de Mont Blanc te beklimmen, en eindelijk was het me gelukt. Het gevoel van vervulling was onbeschrijflijk toen ik op de top stond, uitkijkend over het prachtige uitzicht in alle richtingen.

Maar de reis naar boven was niet gemakkelijk geweest. Er waren tijden dat ik dacht dat ik het niet ging halen, maar op een of andere manier vond ik de **kracht** om door te gaan. Nu het voorbij was, kon ik er met trots en **voldoening op terugkijken**. Het was van begin tot eind een ongelooflijke ervaring geweest, die me de rest van mijn leven zou bijblijven. En wie weet, misschien kom ik binnenkort terug voor een nieuwe poging om de hoogste berg van Europa te bedwingen. Ik heb altijd al de Mont Blanc willen beklimmen, maar nooit gedacht dat ik het ook echt zou doen.

Questions de compréhension

1. Quel était le but de l'auteur en escaladant le Mont Blanc ?

2. Qu'a ressenti l'auteur en atteignant le sommet ?

3. Quelle a été la partie la plus difficile de l'ascension pour l'auteur ?

4. Comment le paysage changeait-il au fur et à mesure que l'auteur montait en altitude ?

5. Pourquoi le sentiment d'accomplissement était-il indescriptible pour l'auteur ?

6. Comment l'auteur s'est-il senti après avoir terminé l'ascension ?

7. Quelles émotions l'auteur a-t-il ressenties pendant l'ascension ?

8. À quoi l'auteur a-t-il pensé en descendant la montagne ?

9. Quelle a été la réaction de l'auteur après la conquête du Mont Blanc ?

10. Que compte faire l'auteur à l'avenir concernant le Mont-Blanc ?

Begrip vragen

1. Wat was het doel van de auteur bij de beklimming van de Mont Blanc?

2. Hoe voelde de auteur zich toen hij de top bereikte?

3. Wat was voor de auteur het moeilijkste deel van de beklimming?

4. Hoe veranderde het landschap naarmate de schrijver hoger klom?

5. Waarom was het gevoel van vervulling onbeschrijflijk voor de auteur?

6. Hoe voelde de auteur zich na de beklimming?

7. Welke emoties ervoer de auteur tijdens de beklimming?

8. Waaraan dacht de schrijver toen hij de berg afdaalde?

9. Wat was de reactie van de schrijver op de verovering van de Mont Blanc?

10. Wat is de auteur van plan in de toekomst te doen met betrekking tot de Mont Blanc?

Champagne

La première fois que j'ai goûté du champagne, c'était lors d'une **soirée du** Nouvel An. Mes amis et moi étions serrés autour de la table de la **cuisine**, riant et plaisantant en attendant que minuit arrive. Nous avions chacune apporté notre propre bouteille de champagne, et lorsque l'horloge a sonné douze coups, nous les avons toutes ouvertes et applaudies. Les **bulles** ont chatouillé mon nez lorsque j'ai pris une gorgée, et le goût ne ressemblait à rien de ce que j'avais connu auparavant. C'était doux et léger, avec juste une pointe d'acidité. J'avais l'impression de flotter sur un **nuage** en sirotant mon champagne ce soir-là, et il est rapidement devenu ma nouvelle boisson préférée. Depuis lors, le champagne a toujours été associé à des occasions spéciales dans mon esprit. Qu'il s'agisse de fêter un anniversaire ou de célébrer la nouvelle année, ouvrir une bouteille de champagne donne toujours l'impression de quelque chose de spécial. Et même si le champagne peut être dégusté à n'importe quelle heure du jour ou de la nuit, il y a quelque chose dans le fait de le **boire** le matin qui me fait me sentir encore plus **chic** ! Alors cette année, quand le jour de l'an est revenu, j'ai décidé de commencer 2019 en m'offrant un petit déjeuner au champagne.

Champagne

De eerste keer dat ik champagne proefde, was op een **nieuwjaarsfeestje**. Mijn vrienden en ik zaten allemaal rond de keukentafel, lachend en grapjes makend terwijl we wachtten tot middernacht zou aanbreken. We hadden elk onze eigen fles bubbels meegenomen, en toen de klok twaalf sloeg, knalden we ze allemaal open en juichten. De **bubbels** kriebelden in mijn neus toen ik een slok nam, en de smaak was zoals ik nog nooit eerder had ervaren. Het was zoet en licht, met slechts een hint van zuurheid. Ik had het gevoel dat ik op een **wolk zweefde** toen ik die avond van mijn champagne nipte, en het werd al snel mijn nieuwe favoriete drankje. Sindsdien wordt champagne in mijn gedachten altijd geassocieerd met speciale gelegenheden. Of het nu gaat om het vieren van een verjaardag of het inluiden van het nieuwe jaar, het opentrekken van een fles champagne voelt altijd als iets speciaals. En hoewel champagne op elk moment van de dag of nacht gedronken kan worden, heeft het **drinken ervan 's** morgens iets waardoor ik me extra **fancy voel**! Dus dit jaar, toen het weer Nieuwjaarsdag was, besloot ik 2019 te beginnen door mezelf te trakteren op ontbijtchampagne.

J'ai ouvert une bouteille de Veuve Clicquot Yellow Label Brut NV et je me suis versé un **verre**. Puis je me suis assise à la table de ma cuisine avec mon ordinateur portable pour vérifier mes e-mails et profiter de mon délicieux début d'année. Je ne sais pas ce qui m'a pris ce jour-là, mais pour une raison quelconque, le champagne avait un goût encore **meilleur** que d'habitude. J'ai continué à siroter mon verre pendant que je travaillais et j'ai fini la bouteille entière en un rien de temps ! Comme je me sentais un peu **pompette**, j'ai décidé de m'en offrir une autre. J'ai donc ouvert une autre bouteille de Veuve Clicquot et je me suis versé un autre verre. À l'heure du déjeuner, je me sentais plutôt **bien**. Le champagne m'avait définitivement mis d'humeur festive, et j'ai décidé d'appeler quelques amis pour voir s'ils voulaient se retrouver pour déjeuner. Quelques-uns d'entre eux étaient libres, alors nous nous sommes retrouvés dans un **restaurant** voisin. Nous avons tous commandé des sandwichs et des salades, et, bien sûr, encore du champagne. Nous avons fini par rester au restaurant jusqu'à sa fermeture, en riant et en discutant tout le temps. C'était une façon si **amusante** de commencer la nouvelle année.

Ik trok een fles Veuve Clicquot Yellow Label Brut NV open en schonk mezelf een **glas in**. Daarna ging ik aan mijn keukentafel zitten met mijn laptop om emails te checken en te genieten van mijn heerlijke start van het nieuwe jaar. Ik weet niet zeker wat me die dag bezielde, maar om de een of andere reden smaakte de champagne nog **beter** dan anders. Ik bleef maar nippen aan mijn glas terwijl ik werkte, en al snel had ik de hele fles op! Ik voelde me een beetje **duizelig** en besloot mezelf te trakteren op nog een fles. Dus ik trok nog een fles Veuve Clicquot open en schonk nog een glas in. Tegen lunchtijd voelde ik me behoorlijk **goed**. De champagne had me zeker in een feestelijke stemming gebracht, en ik besloot een paar vrienden te bellen om te zien of ze zin hadden om samen te lunchen. Een paar van hen waren vrij, dus spraken we af in een **restaurant** in de buurt. We bestelden allemaal sandwiches en salades, en, natuurlijk, meer Champagne. Uiteindelijk bleven we tot sluitingstijd in het restaurant, waar we de hele tijd zaten te lachen en te kletsen. Het was zo'n **leuke** manier om het nieuwe jaar te beginnen.

Questions de compréhension

1. Quelle a été la première expérience de l'auteur avec le champagne ?

2. Comment l'auteur s'est-il senti après avoir bu du champagne au petit-déjeuner ?

3. Qu'a fait l'auteur quand il a vu le groupe d'adolescents ?

4. Pourquoi l'année 2019 a-t-elle été l'un des meilleurs réveillons de l'auteur ?

5. Quelle est l'opinion de l'auteur sur le champagne ?

6. A quoi le champagne fait-il penser pour l'auteur ?

7. Quel goût avait le champagne pour l'auteur le jour de l'an ?

8. Qu'est-ce que l'auteur a mangé à midi ?

9. Qu'a fait l'auteur en rentrant chez lui ?

10. Quel a été le résultat des activités du jour de l'an de l'auteur ?

Begrip vragen

1. Wat was de eerste ervaring van de auteur met champagne?

2. Hoe voelde de auteur zich na het drinken van champagne als ontbijt?

3. Wat deed de schrijver toen hij de groep tieners zag?

4. Waarom was 2019 een van de beste nieuwjaarsdagen van de auteur?

5. Wat is de mening van de schrijver over champagne?

6. Waaraan doet champagne de schrijver denken?

7. Hoe smaakte de champagne voor de auteur op Nieuwjaarsdag?

8. Wat had de schrijver als lunch?

9. Wat deed de schrijver toen ze thuiskwamen?

10. Wat was het resultaat van de activiteiten van de auteur op nieuwjaarsdag?

La Tour Eiffel

La Tour Eiffel est l'un des monuments les plus **emblématiques** du monde. Pour beaucoup, elle symbolise la ville de l'**amour**, Paris. Mais pour une femme, elle a une signification beaucoup plus personnelle. Claire avait toujours rêvé de visiter la tour Eiffel. Enfant, elle regardait souvent des photos de la tour et **imaginait** ce que ce serait de se tenir à son sommet et de voir la ville entière en dessous d'elle. Lorsqu'elle a enfin eu l'âge de **voyager**, elle s'est assurée qu'un voyage à Paris figurait en tête de sa liste. Elle est arrivée dans la **ville** par une belle journée de printemps et est immédiatement tombée amoureuse de tout ce qui s'y trouvait. Les images, les sons et les odeurs étaient si différents de tout ce qu'elle avait connu auparavant. Elle passe chaque jour **à explorer les** différents quartiers de Paris, mais garde toujours la Tour Eiffel pour la fin. Elle voulait savourer chaque moment de son expérience.

Pour son dernier jour dans la ville, elle s'est réveillée tôt et s'est rendue à la **tour**. Elle a été surprise de constater qu'il n'y avait pas de file d'attente pour entrer. Il semblait que tout le monde l'avait déjà vue et était passé à autre chose. Elle s'est dirigée vers le guichet

De Eiffeltoren

De Eiffeltoren is een van de meest **iconische** monumenten in de wereld. Voor velen staat hij symbool voor de stad van de **liefde**, Parijs. Maar voor één vrouw heeft hij een veel persoonlijker betekenis. Claire heeft er altijd van gedroomd de Eiffeltoren te bezoeken. Als kind keek ze vaak naar foto's van de toren en **stelde ze zich voor** hoe het zou zijn om op de top te staan en de hele stad onder zich te zien. Toen ze eindelijk oud genoeg was om **te reizen**, zorgde ze ervoor dat een reis naar Parijs boven aan haar lijstje stond. Ze kwam in de **stad aan** op een mooie lentedag en werd meteen verliefd op alles wat de stad te bieden had. De bezienswaardigheden, geluiden en geuren waren zo anders dan alles wat ze tot dan toe had meegemaakt. Ze bracht elke dag door met **het verkennen van** verschillende delen van Parijs, maar bewaarde het bezoek aan de Eiffeltoren altijd voor het laatst. Ze wilde van elk moment van haar ervaring daar genieten.

Op haar laatste dag in de stad, werd ze vroeg wakker en ging naar de **toren**. Ze was verbaasd dat er geen rij stond om naar binnen te gaan. Het leek wel of iedereen hem al gezien had en verder getrokken was. Ze liep naar de kassa en vroeg om een **kaartje** voor de top. De suppoost vertelde haar dat het €13,50 zou kosten.

et a demandé un **billet pour le** sommet. Le préposé lui dit que c'est 13,50 €. Claire hésite un moment, ne sachant pas si elle veut vraiment **dépenser** autant d'argent pour quelque chose d'aussi touristique, mais elle décide que c'est probablement sa seule chance de voir la vue du sommet de la tour Eiffel. Elle a pris l'**ascenseur jusqu'**au premier niveau de la tour et est sortie sur l'un des ponts d'observation. La vue était encore plus époustouflante que ce qu'elle avait imaginé. Elle pouvait voir tout Paris s'étendre devant elle, avec ses **toits** sans fin et ses rues sinueuses menant à différents quartiers et districts. À ce moment-là, elle avait l'impression que tout était possible, qu'elle pouvait conquérir tout ce que la vie lui réservait, tant qu'elle avait ce souvenir en tête. Alors qu'elle profitait de la vue, elle a remarqué que quelqu'un se dirigeait vers elle. C'était un homme, qui semblait avoir à peu près son âge. Il avait les cheveux et les yeux foncés, et portait un petit **sac à dos**. Quand il est arrivé à sa hauteur, il lui a demandé si elle parlait anglais. Elle acquiesce et il se présente comme Olivier.

Claire aarzelde even, twijfelde of ze echt zoveel geld wilde **uitgeven** aan zoiets toeristisch, maar besloot toen dat dit waarschijnlijk haar enige kans was om het uitzicht vanaf de top van de Eiffeltoren te zien. Ze nam een **lift** naar de eerste verdieping van de toren en stapte uit op een van de observatiedekken. Het uitzicht was nog adembenemender dan ze zich had voorgesteld. Ze kon heel Parijs voor zich zien, met zijn eindeloze **daken** en kronkelige straatjes die in verschillende buurten en wijken uitkwamen. Op dat moment had ze het gevoel dat alles mogelijk was, dat ze alles kon overwinnen wat het leven haar in de schoot wierp, zolang ze maar deze herinnering had om zich aan vast te houden. Terwijl ze het uitzicht in zich opnam, zag ze iemand naar haar toe lopen. Het was een man, en hij leek ongeveer haar leeftijd te hebben. Hij had donker haar en donkere ogen, en hij droeg een kleine **rugzak**. Toen hij haar bereikte, vroeg hij of ze Engels sprak. Ze knikte, en hij stelde zich voor als Olivier.

Questions de compréhension

1. Que symbolise la Tour Eiffel pour de nombreuses personnes ?

2. Qu'est-ce que Claire imaginait de la Tour Eiffel lorsqu'elle était enfant ?

3. Comment Claire s'est-elle sentie à son arrivée à Paris ?

4. Pourquoi Claire a-t-elle gardé la visite de la tour Eiffel pour la fin de son séjour à Paris ?

5. Quelle a été la réaction de Claire face à la vue depuis la Tour Eiffel ?

6. Qui Claire a-t-elle rencontré à la Tour Eiffel ?

7. Qu'est-ce qu'Olivier et Claire avaient en commun ?

8. D'où viennent Olivier et Claire ?

9. Qu'ont fait Olivier et Claire après le déjeuner ?

10. Pourquoi Olivier a-t-il invité Claire dans sa chambre d'hôtel ?

Begrip vragen

1. Wat symboliseert de Eiffeltoren voor veel mensen?

2. Wat verbeeldde Claire zich van de Eiffeltoren toen ze een kind was?

3. Hoe voelde Claire zich bij haar aankomst in Parijs?

4. Waarom heeft Claire het bezoek aan de Eiffeltoren tot het laatst bewaard tijdens haar verblijf in Parijs?

5. Wat was Claire's reactie op het uitzicht vanaf de Eiffeltoren?

6. Wie heeft Claire ontmoet bij de Eiffeltoren?

7. Wat hadden Olivier en Claire gemeen?

8. Waar komen Olivier en Claire vandaan?

9. Wat hebben Olivier en Claire na de lunch gedaan?

10. Waarom nodigde Olivier Claire uit op zijn hotelkamer?

A la plage

Après le lever du soleil, les vagues sont plus fortes et le sable au-dessus de la marée est blanc. Je marche jusqu'à la plage, **admirant** la mer et le soleil. Mes orteils sentent les rainures des coquillages. Le sable est froid sur mes orteils. Je souris et je continue. La marée est haute, alors je dois faire attention à ne pas me laisser entraîner. Je marche le long du bord de l'eau, en admirant la mer. Le lever du soleil est **magnifique**, et les vagues s'écrasent. Je me sens si paisible. J'arrive à un endroit où il y a un affleurement rocheux. Je m'assieds et je regarde les vagues. L'eau est si bleue et le ciel est si **orange**. J'ai l'impression d'être dans un rêve. Je ferme les yeux et je me contente d'écouter les vagues. Je suis restée assise pendant un long moment, jusqu'à ce que j'entende quelqu'un appeler mon nom.

J'ouvre les yeux et je vois ma mère marcher vers moi. Elle a un air inquiet sur le visage. Je souris et je lui fais signe, et elle **se détend**. "Je me demandais où tu étais allée", dit-elle. "Je suis contente que tu profites de la plage." Je réponds : "J'en profite." "C'est tellement beau ici." "Je sais", dit-elle. "Je venais ici tout le temps quand j'avais ton âge." "Vraiment ?" Je demande. "Ouais", répond-elle. "C'est un endroit spécial." "As-tu déjà rencontré quelqu'un de spécial ici ?" Je demande. "Oui",

Op het strand

Na zonsopgang zijn de golven luider en het zand boven de vloed is wit. Ik loop naar het strand en **bewonder** de zee en de zon. Mijn tenen voelen de groeven van schelpen. Het zand is koud aan mijn tenen. Ik glimlach en loop door. Het is vloed, dus ik moet oppassen dat ik er niet in word getrokken. Ik loop langs de waterkant en bewonder de zee. De zonsopgang is **prachtig**, en de golven beuken. Ik voel me zo vredig. Ik kom op een plek waar een rots uitsteekt. Ik ga zitten en kijk naar de golven. Het water is zo blauw en de lucht is zo **oranje**. Ik voel me alsof ik in een droom ben. Ik sluit mijn ogen en luister alleen maar naar de golven. Ik zat daar een hele tijd, tot ik iemand mijn naam hoorde roepen.

Ik open mijn ogen en zie mijn moeder naar me toe lopen. Ze heeft een bezorgde blik op haar gezicht. Ik glimlach en zwaai, en ze **ontspant zich**. "Ik vroeg me al af waar je was," zegt ze. "Ik ben blij dat je van het strand geniet." Ik antwoord: "Dat doe ik." "Het is hier zo mooi." "Ik weet het," zegt ze. "Ik kwam hier altijd toen ik zo oud was als jij." "Echt waar?" Vraag ik. "Ja," antwoordt ze. "Het is een speciale plek." "Heb je hier ooit een speciaal iemand ontmoet?" Vraag ik. "Ik wel," antwoordt ze met een glimlach. "Je vader." "Echt waar?" Zeg ik, **verbaasd**. "Ja," zegt ze. "We kwamen hier altijd

répond-elle avec un sourire. "Ton père." "Vraiment ?"
Je dis, **surpris**. "Oui," dit-elle. "Nous avions l'habitude
de venir ici tout le temps ensemble. C'est là que nous
sommes tombés amoureux. " Je souris, **imaginant**
mes parents tombant amoureux sur cette magnifique
plage. " C'est un endroit spécial ", répète-t-elle. "Je suis
contente que tu sois venu ici aujourd'hui."

Nous restons assis là un moment de plus, à **regarder**
les vagues et le coucher de soleil. Puis nous nous
levons et retournons à nos serviettes de plage.
Je m'allonge et regarde les étoiles. Je me sens si
heureuse et satisfaite. Les vagues sont plus fortes
maintenant, et le sable est froid. Le soleil se couche et
une brise fraîche souffle. Les vagues s'écrasent sur le
rivage et l'odeur du sel flotte dans l'air. C'est une soirée
parfaite pour être à la plage. Je me promène le long du
rivage, en **écoutant le** bruit des vagues et en regardant
le coucher du soleil. Je vois un groupe de personnes
assises sur le sable, qui rient et plaisantent. Ils ont
l'air de passer un bon moment. Je m'approche d'eux
et leur demande si je peux les rejoindre. Ils acceptent
et nous passons le reste de la soirée à parler, à rire
et à regarder le **coucher de soleil**. C'est une soirée
parfaite. Le groupe et moi parlons jusqu'au coucher du
soleil. Nous partageons des histoires et des blagues,
et nous passons tous un bon moment. À la tombée de
la nuit, nous commençons tous à nous sentir fatigués.
Nous nous embrassons et nous nous séparons.

samen. Het is waar we verliefd werden. " Ik glimlach en **stel me voor hoe** mijn ouders verliefd werden op dit prachtige strand. "Het is een speciale plek," herhaalt ze. "Ik ben blij dat je hier vandaag bent."

We zitten daar nog een tijdje, **kijken naar** de golven en de zonsondergang. Dan staan we op en lopen terug naar onze strandhanddoeken. Ik ga liggen en kijk naar de sterren. Ik voel me zo gelukkig en tevreden. De golven zijn nu luider, en het zand is koud. De zon gaat onder en er waait een koel briesje. De golven beuken tegen de kust, en de geur van zout hangt in de lucht. Het is een perfecte avond om op het strand te zijn. Ik loop langs het strand, **luister** naar het geluid van de golven en kijk naar de zonsondergang. Ik zie een groep mensen op het zand zitten, lachend en grapjes makend. Ze zien eruit alsof ze het naar hun zin hebben. Ik loop naar ze toe en vraag of ik erbij mag komen zitten. Ze zeggen ja, en we brengen de rest van de avond door met praten, lachen en kijken naar de **zonsondergang**. Het is een perfecte avond. De groep en ik praten tot de zon ondergaat. We delen verhalen en grappen, en we hebben allemaal een geweldige tijd. Als de avond begint te vallen, beginnen we allemaal moe te worden. We kussen elkaar **vaarwel** en gaan uit elkaar.

Questions de compréhension

1. Où va la narratrice après son réveil ?

2. Qu'est-ce que la narratrice admire en marchant le long de la plage ?

3. De quoi la narratrice doit-elle se méfier lorsqu'elle marche le long de la plage ?

4. Où le narrateur s'assoit-il pour profiter de la vue ?

5. Combien de temps le narrateur reste-t-il assis là ?

6. Qui la narratrice voit-elle lorsqu'elle ouvre à nouveau les yeux ?

7. Que dit la mère du narrateur ?

8. De quoi parlent la narratrice et les personnes qu'elle rencontre ?

Begrip vragen

1. Waar gaat de vertelster heen nadat ze wakker is geworden?

2. Wat bewondert de vertelster als ze langs het strand loopt?

3. Waar moet de vertelster op letten als ze langs het strand loopt?

4. Waar gaat de verteller zitten om van het uitzicht te genieten?

5. Hoe lang blijft de verteller daar zitten?

6. Wie ziet de verteller als ze haar ogen weer opent?

7. Wat zegt de moeder van de verteller?

8. Waar praten de verteller en de mensen die ze ontmoet over?

Camping au lac

Je me dirige vers le lac, **admirant** la tranquillité de la scène. Le soleil tape sur le petit lac, faisant ressembler l'eau à une feuille de verre. Le seul mouvement est l'ondulation occasionnelle d'un poisson **brisant la** surface. Même les oiseaux semblent prendre une pause de la chaleur, avec seulement le son des cigales remplissant l'air. **Soudain**, la paix est rompue par un grand plouf. Un gros **poisson** a sauté hors de l'eau, essayant d'attraper une libellule. Le poisson rate sa cible et retombe dans l'eau avec un plouf. "Wow," je me dis, "c'était un gros poisson !". J'ai regardé autour de moi pour voir si quelqu'un d'autre l'avait vu, mais il n'y avait personne. Je suppose que je devrai leur dire quand je rentrerai au camp.

La chaleur est **oppressante**, il est difficile de respirer. L'air est épais et lourd, comme une couverture qui vous enveloppe. Le seul soulagement est dans l'eau. Elle est fraîche et rafraîchissante, comme une boisson fraîche par une journée chaude. Je prends une profonde inspiration et je plonge dans l'eau. Le soulagement est immédiat car l'eau fraîche m'entoure. Je nage jusqu'au fond, puis remonte à la surface, sentant l'eau refroidir mon corps. Je continue à **faire** des longueurs,

Kamperen aan het meer

Ik loop naar het meer en **bewonder** de vredigheid van het tafereel. De zon schijnt op het meertje, waardoor het water een glazen plaat lijkt. De enige beweging is af en toe een rimpeling van een vis **die** het wateroppervlak breekt. Zelfs de vogels lijken een pauze te nemen van de hitte, met alleen het geluid van cicaden die de lucht vullen. **Plotseling** wordt de rust verbroken door een luide plons. Een grote **vis** is uit het water gesprongen, in een poging een libel te vangen. De vis mist zijn doel en valt met een plons terug in het water. "Wow," denk ik bij mezelf, "dat was een grote vis!." Ik keek om me heen om te zien of iemand anders hem had gezien, maar er was niemand in de buurt. Ik denk dat ik het ze zal moeten vertellen als ik terug ben in het kamp.

De hitte is **drukkend**, waardoor het moeilijk is om te ademen. De lucht is dik en zwaar, als een deken om je heen gewikkeld. De enige verlichting is in het water. Het is koel en verfrissend, als een koud drankje op een warme dag. Ik haal diep adem en duik in het water. De opluchting is onmiddellijk als het koele water me omringt. Ik zwem naar de bodem en dan weer naar de oppervlakte, terwijl ik voel hoe het water mijn lichaam afkoelt. Ik blijf baantjes trekken en geniet van de

appréciant le répit de la chaleur. Après un moment, je sors de l'eau et je m'allonge sur l'herbe, laissant le soleil sécher mon corps. Je ferme les yeux et m'endors, le bruit des **cigales** me berce dans un profond sommeil. Je laisse le soleil faire sortir l'eau de ma peau. Je sens que ma peau devient rouge, mais je m'en moque. J'ai trop chaud pour m'en soucier. La prochaine chose que je sais, c'est que le soleil se couche. Le ciel est d'un bel orange, avec des traces de rose et de violet. La chaleur a disparu, remplacée par une **brise** fraîche.

Je me lève et me rhabille, me sentant rafraîchie et rajeunie. Je **respire** profondément l'air frais et je souris. C'est bon d'être en vie. Je retourne au camping, en admirant la façon dont les couleurs dansent dans le ciel. Je peux voir le feu de camp qui brûle au loin et je peux sentir la fumée dans l'air. Je souris et j'**accélère le** pas. Je suis prête à me détendre et à profiter du reste de ma soirée. J'entre dans le camping et je vois que tout le monde est réuni autour du feu. Ils **rient** et plaisantent, et je peux voir le feu se refléter dans leurs yeux. Je souris et m'assois à côté de mes amis. C'est bon d'être de retour. Le lendemain matin, je me réveille tôt et je commence à préparer mes affaires. J'ai hâte de retourner sur le sentier et de poursuivre mon voyage. Je dis au revoir à mes amis et commence à m'éloigner. En marchant, je jette un dernier regard sur le **camping**.

afkoeling van de hitte. Na een tijdje kom ik uit het water en ga op het gras liggen, zodat de zon mijn lichaam kan drogen. Ik sluit mijn ogen en val in slaap, het geluid van de **cicaden** brengt me in een diepe slaap. Ik laat de zon het water uit mijn huid bakken. Ik voel dat mijn huid rood wordt, maar dat kan me niet schelen. Ik heb het te warm om me zorgen te maken. Het volgende dat ik weet, is dat de zon ondergaat. De lucht is prachtig oranje, met roze en paarse strepen. De hitte is weg, vervangen door een koel **briesje**.

Ik sta op en trek mijn kleren weer aan. Ik voel me verfrist en verjongd. Ik haal diep **adem** uit de koele lucht en glimlach. Het voelt goed om te leven. Ik loop terug naar de camping en bewonder de manier waarop de kleuren in de lucht dansen. In de verte zie ik het kampvuur branden, en ik ruik de rook in de lucht. Ik glimlach en **versnel** mijn pas. Ik ben klaar om te ontspannen en te genieten van de rest van mijn avond. Ik loop de camping op en zie dat iedereen rond het vuur zit. Ze **lachen** en maken grapjes, en ik kan het vuur in hun ogen zien weerkaatsen. Ik glimlach en ga naast mijn vrienden zitten. Het is goed om terug te zijn. De volgende ochtend sta ik vroeg op en begin mijn spullen in te pakken. Ik sta te popelen om weer op pad te gaan en mijn reis voort te zetten. Ik neem afscheid van mijn vrienden en begin weg te lopen. Terwijl ik loop, werp ik nog een laatste blik op de **camping**.

Questions de compréhension

1. Où va le marcheur ?

2. Quel temps fait-il ?

3. À quoi ressemble l'eau ?

4. Comment le marcheur réagit-il à la chaleur ?

5. Que fait le poisson ?

6. Pourquoi le marcheur est-il seul ?

7. Quelle est la sensation de l'eau ?

8. Comment le marcheur se sent-il après avoir nagé ?

9. A quelle heure de la journée le déambulateur se réveille-t-il ?

10. Où va le marcheur quand il quitte le camp ?

Begrip vragen

1. Waar gaat de wandelaar heen?

2. Wat voor weer is het?

3. Hoe ziet het water eruit?

4. Hoe reageert de wandelaar op de hitte?

5. Wat doet de vis?

6. Waarom is de wandelaar alleen?

7. Hoe voelt het water aan?

8. Hoe voelt de wandelaar zich na het zwemmen?

9. Hoe laat is het als de wandelaar wakker wordt?

10. Waar gaat de wandelaar heen als hij het kamp verlaat?

La Maison

J'ai emménagé dans ma nouvelle maison la semaine dernière, et je suis si **excitée** ! Elle est tellement plus grande que l'ancienne, et elle a un grand jardin. J'ai hâte d'inviter des amis pour des barbecues et des fêtes. Ce que je **préfère,** c'est ma nouvelle chambre. Elle est si grande et lumineuse, et j'ai beaucoup d'espace pour mettre toutes mes affaires. Je suis vraiment contente de ma nouvelle maison et je pense que je serai très heureuse ici. J'ai décidé d'explorer un peu plus la maison. Je suis monté au deuxième étage et j'ai commencé à me diriger vers la cuisine quand j'ai vu une grosse araignée noire sur le mur ! J'ai crié et j'ai couru en bas. J'avais tellement **peur** ! Mais après quelques minutes, je me suis calmée et j'ai décidé de retourner à l'étage. J'ai lentement fait mon chemin vers la cuisine et j'ai vu que l'araignée était partie. J'étais tellement soulagée ! Je suis redescendu et j'ai décidé de sortir pour explorer le **jardin**. Elle était si grosse ! Je n'arrivais pas à y croire. J'ai vu une balançoire dans le coin et un toboggan. J'ai aussi vu un filet de basket-ball et un **trampoline**. J'étais tellement excitée !

Je suis impatient d'utiliser tous ces nouveaux trucs. Les **voisins** sont venus et se sont présentés. Ils avaient l'air très gentils, et nous avons parlé un moment. Ils

Het Huis

Ik ben vorige week in mijn nieuwe huis getrokken, en ik ben zo **opgewonden**! Het is zoveel groter dan mijn oude, en het heeft een grote achtertuin. Ik kan niet wachten om vrienden uit te nodigen voor BBQ's en feestjes. Mijn **favoriete** deel is mijn nieuwe slaapkamer. Hij is zo groot en licht, en ik heb veel ruimte om al mijn spullen op te bergen. Ik ben echt blij met mijn nieuwe huis en ik denk dat ik hier heel gelukkig zal zijn. Ik besloot om het huis nog wat verder te verkennen. Ik ging naar boven naar de tweede verdieping en ging op weg naar de keuken toen ik een grote zwarte spin op de muur zag! Ik gilde en rende naar beneden. Ik was zo **bang**! Maar na een paar minuten was ik gekalmeerd en besloot ik terug naar boven te gaan. Ik ging langzaam naar de keuken en zag dat de spin weg was. Ik was zo opgelucht! Ik ging terug naar beneden en besloot naar buiten te gaan om de **achtertuin te verkennen**. Hij was zo groot! Ik kon het niet geloven. Ik zag een schommel in de hoek en een glijbaan. Ik zag ook een basketbalnet en een **trampoline**. Ik was zo opgewonden!

Ik kan niet wachten om al deze nieuwe spullen te gebruiken. De **buren** kwamen langs en stelden zich voor. Ze leken erg aardig, en we hebben een tijdje gepraat. Ze nodigden me uit voor hun BBQ volgend

m'ont invité à leur barbecue le week-end prochain, et j'ai dit que j'aimerais beaucoup venir. J'ai passé une excellente première semaine dans ma nouvelle maison et j'ai hâte de vivre toutes les nouvelles aventures qui m'attendent. Aujourd'hui, je vais encore aller explorer le jardin et voir ce que je peux trouver d'autre. Qui sait, peut-être vais-je même trouver un **trésor**. J'ai hâte de voir ce que la semaine prochaine nous réserve ! La semaine suivante, je suis retourné explorer le jardin et j'ai trouvé un jardin **secret**. C'était tellement beau ! Il y avait des fleurs partout et un petit étang avec des poissons dedans. J'ai aussi vu une balançoire que je n'avais jamais vue auparavant. J'étais si excitée de trouver ce jardin secret, et j'ai hâte de l'explorer davantage. C'était tellement **beau** !

Il y avait des fleurs partout et un petit étang avec des poissons dedans. J'ai aussi vu une **balançoire** que je n'avais jamais vue auparavant. J'étais si excitée de trouver ce jardin secret, et j'ai hâte de l'explorer davantage. J'ai aussi adoré ma nouvelle chambre. Elle était si grande et lumineuse, et il y avait déjà des posters de mes groupes préférés sur les murs. Je n'ai même pas eu besoin d'apporter mes propres **meubles** car il y avait déjà un lit, une commode et un bureau. Ça va être la meilleure année de ma vie ! J'étais un peu nerveux à l'idée de commencer dans une nouvelle **école**, mais tous mes nouveaux voisins ont été si gentils.

weekend, en ik zei dat ik graag zou komen. Ik had een geweldige eerste week in mijn nieuwe huis, en ik ben opgewonden over alle nieuwe avonturen die in het verschiet liggen. Vandaag ga ik weer op verkenning in de achtertuin en kijken wat ik nog meer kan vinden. Wie weet, misschien vind ik wel een **schat**. Ik kan niet wachten om te zien wat de volgende week brengt! De volgende week ging ik weer op verkenning in de achtertuin, en ik vond een **geheime** tuin. Het was zo mooi! Er waren overal bloemen en een kleine vijver met vissen erin. Ik zag ook een schommel die ik nog niet eerder had gezien. Ik was zo opgewonden toen ik deze geheime tuin vond, en ik kan niet wachten om hem verder te verkennen. Het was zo **mooi**!

Er waren overal bloemen en een kleine vijver met vissen erin. Ik zag ook een **schommel** die ik nog niet eerder had gezien. Ik was zo opgewonden toen ik deze geheime tuin vond, en ik kan niet wachten om hem verder te verkennen. Ik vond mijn nieuwe kamer ook geweldig. Hij was zo groot en licht, en er hingen al posters van mijn favoriete bands aan de muur. Ik hoefde niet eens mijn eigen **meubels** mee te nemen, want er stonden al een bed, een dressoir en een bureau. Dit wordt het beste jaar ooit! Ik was een beetje nerveus om op een nieuwe **school** te beginnen, maar al mijn nieuwe buren zijn zo vriendelijk.

Questions de compréhension

1. Où vit la personne ?

2. Comment la personne se sent-elle dans sa nouvelle maison ?

3. Quelle est la partie de la nouvelle maison que la personne préfère ?

4. Qu'est-ce que la personne a trouvé dans le jardin ?

5. Qui sont les voisins ?

6. Comment se sont passés les premiers jours de la personne dans sa nouvelle maison ?

7. Quelle est la partie de la nouvelle pièce que la personne préfère ?

8. Qu'est-ce que la personne prévoit de faire demain ?

9. Quelle a été la meilleure partie de la première semaine de la personne dans sa nouvelle maison ?

10. Qu'y a-t-il dans la nouvelle chambre de la personne ?

Begrip vragen

1. Waar woont de persoon?

2. Hoe vindt de persoon het in het nieuwe huis?

3. Wat is het favoriete deel van het nieuwe huis van de persoon?

4. Wat heeft de persoon in de tuin gevonden?

5. Wie zijn de buren?

6. Hoe voelde de persoon zich de eerste dagen in het nieuwe huis?

7. Wat is het favoriete deel van de nieuwe kamer van de persoon?

8. Wat is de persoon van plan morgen te doen?

9. Wat was het beste deel van de eerste week van de persoon in het nieuwe huis?

10. Wat is er allemaal in de nieuwe kamer van de persoon?

Dans le train

J'ai couru jusqu'à la gare, mais c'était trop tard. Le train était déjà parti sans moi. Je me suis sentie tellement **en colère** et **déçue** de moi-même. J'avais prévu de prendre le train pour rendre visite à mes grands-parents qui vivent à la campagne, mais je devais maintenant attendre le prochain train pendant une heure entière. J'ai décidé de me promener un peu dans la ville à la place et j'ai essayé d'oublier cette occasion manquée. En marchant, j'ai commencé à **rêver à** tous les endroits où le **train** peut vous emmener. Soudain, je n'étais plus aussi contrariée. Je suis retourné dans la gare et je n'ai pu m'empêcher de remarquer la grande locomotive rouge, blanche et bleue qui se dirigeait vers moi. Ce n'est que lorsque je vois le **conducteur** me faire signe par la fenêtre que je réalise que ce train est pour moi. Je monte dans le train et trouve mon siège, m'installant pour ce qui promet d'être un long voyage.

Alors que nous sortons de la gare, je ne peux m'empêcher de me demander où ce train va m'emmener. À travers des **champs** verts et des rivières bleues, en passant par des montagnes et des vallées, on ne sait pas où ce vieux train va aller. À la tombée de la nuit, je m'endors **paisiblement**, bercé par le mouvement **rythmique** des wagons sur les rails en

In de trein

Ik rende naar het treinstation, maar ik was te laat. De trein was al vertrokken zonder mij. Ik voelde me zo **boos** en **teleurgesteld** in mezelf. Ik was van plan om met de trein naar mijn grootouders te gaan die op het platteland wonen, maar nu moest ik een heel uur wachten op de volgende trein. Ik besloot in plaats daarvan een eindje door de stad te lopen en probeerde mijn gemiste kans te vergeten. Terwijl ik liep, begon ik **te dagdromen** over alle plaatsen waar **treinen** je kunnen brengen. Plotseling was ik niet meer zo van streek. Ik liep terug naar het station en zag de grote rood-wit-blauwe locomotief die op me af kwam rijden. Pas als ik de **conducteur** vanuit het raam naar me zie zwaaien, realiseer ik me dat deze trein voor mij is. Ik stap in de trein en zoek een zitplaats. Ik ga zitten voor wat een lange reis belooft te worden.

Terwijl we het station uitrijden, vraag ik me af waar deze trein me heen zal brengen. Door groene **velden** en over blauwe rivieren, langs bergen en valleien, het is niet te zeggen waar deze oude trein heen zal gaan. Als de nacht begint te vallen, drijf ik weg in een **vredige** slaap, gewiegd door de **ritmische** beweging van de wagons op de sporen beneden. Als het weer ochtend wordt, open ik mijn ogen en zie dat we in een klein stadje

contrebas. Quand le matin revient, j'ouvre les yeux pour constater que nous sommes arrivés dans une petite ville quelque part au milieu de nulle part. Le soleil pointe à peine à l'horizon et les habitants commencent à s'agiter dans la rue principale ; c'est un jour comme les autres ici, à l'exception d'une chose : il y a un grand panneau près de l'hôtel de ville qui dit "Bienvenue à bord". Il semble que cette petite ville nous attendait, même si nous ne sommes qu'un train de **voyageurs** ordinaire qui passe par là pour aller ailleurs. Alors que nous laissons la ville derrière nous une fois de plus, en direction d'on ne sait où, je souris à tous les visages amicaux qui nous saluent depuis ces petites maisons nichées au milieu des **terres agricoles - c**'est vraiment étonnant de voir comment quelque chose d'apparemment si ordinaire peut apporter tant de joie simplement en passant par là. Et puis, bien sûr, il y a les **enfants**.

Je me penche par la fenêtre de ma locomotive. Ils me rendent toujours si heureux avec leurs yeux brillants et leurs grands sourires. Je leur fais un signe de la main énergique avant de retourner dans ma **cabine** et de m'asseoir. La journée a déjà été longue, mais elle n'est pas encore terminée ; il reste encore quelques heures avant d'atteindre notre **destination** finale. Je sors mon livre et commence à lire, laissant le balancement rythmique du train me bercer dans un état paisible. toujours reconnaissant.

ergens in niemandsland zijn aangekomen. De zon komt net boven de horizon als de plaatselijke bevolking zich in de hoofdstraat begint te mengen; het ziet er hier uit als elke andere dag, behalve één ding - er hangt een groot bord bij het stadhuis met de tekst "Welkom aan boord!" Het lijkt erop dat dit stadje ons verwacht, ook al zijn we maar een gewone passagierstrein op doorreis naar elders. Terwijl we de stad weer achter ons laten, op weg naar wie weet waar, glimlach ik om al die vriendelijke gezichten die ons uitzwaaien vanuit die kleine huisjes tussen **het boerenland -** het is echt verbazingwekkend hoe iets dat zo gewoon lijkt, zoveel vreugde kan brengen door er gewoon langs te rijden. En dan, natuurlijk, zijn er de **kinderen**.

Ik leun uit het raam van mijn locomotief. Ze maken me altijd zo blij met hun stralende ogen en grote grijnzen. Ik zwaai energiek naar ze terug voordat ik terugga naar mijn **cabine** en ga zitten. Het was al een lange dag, maar hij is nog niet voorbij; het duurt nog een paar uur voordat we onze **eindbestemming** bereiken. Ik pak mijn boek en begin te lezen, terwijl het ritmische schommelen van de trein me in een vredige toestand brengt.

Questions de compréhension

1. Où va le train ?

2. Qui voyage dans le train ?

3. Quand le train part-il ?

4. Comment le protagoniste monte-t-il dans le train ?

5. D'où vient le train ?

6. Où le train va-t-il ensuite ?

7. Quand les passagers sont-ils arrivés ?

8. Que ressent le protagoniste lorsqu'il rate le train ?

9. Comment le conducteur du train réagit-il lorsqu'il voit le protagoniste ?

10. Pourquoi le protagoniste aime-t-il les trains ?

Begrip vragen

1. Waar gaat de trein heen?

2. Wie reist er met de trein?

3. Wanneer vertrekt de trein?

4. Hoe komt de hoofdpersoon op de trein?

5. Waar komt de trein vandaan?

6. Waar gaat de trein nu heen?

7. Wanneer zijn de passagiers aangekomen?

8. Hoe voelt de hoofdpersoon zich als hij de trein mist?

9. Hoe reageert de treinmachinist als hij de
hoofdpersoon ziet?

10. Waarom houdt de hoofdpersoon van treinen?

Cuisiner le dîner

Il est 17 heures et je rentre à pied du travail. J'ai **hâte** de passer une soirée tranquille à la maison avec mon partenaire. Nous allons préparer le dîner ensemble et nous détendre pour le reste de la nuit. C'est agréable de savoir que je n'ai aucun projet ni aucune obligation ce **soir**. J'arrive à la maison et mon partenaire est déjà dans la cuisine, en train de préparer notre dîner. Ça sent **très bon** ici ! Nous bavardons tout en cuisinant, prenant des nouvelles de nos journées respectives et partageant des petites histoires de nos vies professionnelles. La cuisine est ma pièce préférée dans notre appartement. J'adore cuisiner, et j'aime particulièrement cuisiner avec mon partenaire. Nous passons toujours un bon moment ici, à rire et à plaisanter pendant que nous cuisinons. De plus, la nourriture est toujours **incroyable** lorsque nous travaillons **ensemble**.

Ce soir, nous faisons l'une de mes recettes préférées : le **poulet au** parmesan. Mon partenaire commence par paner le poulet pendant que je fais mijoter la sauce sur la **cuisinière**. Nous travaillons ensemble comme une machine bien huilée, et en peu de temps, le dîner est prêt à être servi. Nous nous asseyons à notre petite table de cuisine avec des **assiettes** remplies de poulet

Diner koken

Het is nu 5 uur 's middags en ik loop van mijn werk naar huis. Ik kijk **uit** naar een rustige avond thuis met mijn partner. We zullen samen eten koken en dan de rest van de avond ontspannen. Het voelt goed om te weten dat ik deze **avond** geen plannen of verplichtingen heb. Ik kom thuis en mijn partner is al in de keuken om ons eten klaar te maken. Het ruikt hier geweldig! We kletsen terwijl we koken, praten bij over elkaars dagen en delen kleine verhalen uit ons werkleven. De keuken is mijn favoriete kamer in ons appartement. Ik hou van koken, en vooral van koken met mijn partner. We hebben het hier altijd zo gezellig, we lachen en maken grapjes terwijl we koken. En het eten is altijd **heerlijk** als we **samenwerken**.

Vanavond maken we een van m'n lievelingsrecepten: Parmezaanse kip. Mijn partner begint met het paneren van de kip, terwijl ik de saus op het **fornuis** laat pruttelen. We werken samen als een goed geoliede machine en al snel is het eten klaar om op te dienen. We gaan aan onze kleine keukentafel zitten met **borden** vol met Parmezaanse kip, pasta en salade. We klinken op de glazen en nemen onze eerste hap, en het is **hemels**! De kip is knapperig van buiten maar sappig van binnen; de saus is smaakvol en perfect;

au parmesan, de pâtes et de salade. Nous faisons tinter les verres et prenons notre première bouchée - et c'est **divin** ! Le poulet est croustillant à l'extérieur mais juteux à l'intérieur ; la sauce est savoureuse et parfaite ; les pâtes sont cuites al dente... tout a un goût absolument parfait ce soir. Nous savons tous les deux que c'était l'une de ces nuits où tout s'est parfaitement réuni alors que nous **savourons** chaque bouchée de notre délicieux repas. Le goût était encore meilleur que l'odeur, qui était sacrément bonne ! Nous terminons notre repas assez rapidement car aucun de nous n'a particulièrement faim aujourd'hui, mais nous prenons notre temps en dégustant quelques **verres** de vin supplémentaires tout en discutant légèrement de tel ou tel sujet. Après le dîner, nous nettoyons rapidement ensemble et passons au salon, où nous passons un moment à **nous câliner** sur le canapé en regardant la télévision.

C'est tellement agréable d'être près l'un de l'autre après une longue journée de **travail** séparé. Je me sens satisfaite. Même si la soirée n'a pas été très animée, c'était agréable de passer du temps ensemble sans avoir à quitter la maison. Nous avons regardé un film et nous nous sommes couchés tôt, **satisfaits** de notre simple soirée. C'est devenu l'une de nos activités **préférées** les soirs où nous n'avons pas envie de sortir - se détendre à la maison et profiter de la compagnie de l'autre autour d'un repas fait maison.

de pasta is al dente gekookt... alles smaakt absoluut perfect vanavond. We weten allebei dat dit een van die avonden was waarop alles perfect samenkwam en we **genieten van** elke laatste hap van onze heerlijke maaltijd. Het smaakte nog beter dan het rook, en dat was verdomd goed! We eten relatief snel, omdat geen van ons beiden vandaag honger heeft, maar we nemen de tijd om nog een paar **glazen** wijn te drinken terwijl we luchtig kletsen over van alles en nog wat. Na het eten ruimen we snel samen op en gaan dan naar de woonkamer, waar we een poosje **knuffelen** op de bank terwijl we TV kijken.

Het voelt zo fijn om dicht bij elkaar te zijn na een lange dag apart **werken**. Ik voel me voldaan. Ook al hadden we geen avond vol belevenissen, het was fijn om gewoon wat tijd met elkaar door te brengen zonder het huis uit te hoeven. We keken een film en gingen vroeg naar bed, met een **voldaan** gevoel over onze eenvoudige avond. Dit is een van onze **favoriete** dingen geworden om te doen op avonden dat we niet uit willen gaan - gewoon thuis ontspannen en genieten van elkaars gezelschap tijdens een zelfgekookte maaltijd.

Questions de compréhension

1. D'où vient le narrateur ?

2. Que fait le narrateur après le travail ?

3. Que mange le narrateur pour le dîner ?

4. Pourquoi le narrateur aime-t-il la cuisine ?

5. Quel genre de plat le couple cuisine-t-il ?

6. Que ressent le narrateur à la fin de la soirée ?

7. Quelle est l'activité préférée du couple ?

8. Que fait le couple quand il est fatigué ?

9. Où dorment-ils ?

10. Pourquoi le narrateur aime-t-il rester à la maison ?

Begrip vragen

1. Waar komt de verteller vandaan?

2. Wat doet de verteller na het werk?

3. Wat eet de verteller als avondeten?

4. Waarom houdt de verteller van de keuken?

5. Wat voor gerecht kookt het stel?

6. Hoe voelt de verteller zich aan het eind van de avond?

7. Wat is het favoriete ding van het koppel om te doen?

8. Wat doet het stel als ze moe worden?

9. Waar slapen ze?

10. Waarom blijft de verteller graag thuis?

Walking Home

C'était une nuit **paisible** alors que je rentrais du travail. En marchant, je ne pouvais m'empêcher de sourire aux souvenirs. C'était bon d'être de retour dans mon ancien quartier. J'ai salué quelques personnes que je connaissais, et elles m'ont salué en retour. C'était bon d'être chez soi. Je suis passé devant mon ancienne école et je **me suis souvenu de** tous les bons moments que j'ai passés avec mes amis. On rentrait toujours ensemble à la maison et on parlait de notre journée. **Parfois,** on s'arrêtait pour acheter une glace ou aller au parc. C'était les meilleurs moments. Ces moments me manquent. Mais maintenant, j'ai ma propre famille et je suis heureuse de ma vie. Je suis heureux de pouvoir repenser à ces souvenirs et de sourire. Ils font partie de ma vie et je les chérirai toujours. C'était les meilleurs moments. Ils me manquent. Mais maintenant, j'ai ma propre famille et je suis heureux de ma vie. Je suis heureux de pouvoir repenser à ces **souvenirs** et de sourire. Ils font partie de ma vie et je les chérirai toujours.

Je continue à marcher, en pensant aux bons moments que j'ai passés avec mes amis. Je sais que je les reverrai bientôt. Je me dirige vers ma maison et décide de me promener dans un parc à proximité. Le soleil se

Walking Home

Het was een **rustige** avond toen ik van mijn werk naar huis liep. Terwijl ik liep, kon ik niet anders dan glimlachen bij de herinneringen. Het voelde goed om terug in mijn oude buurt te zijn. Ik zwaaide naar een paar mensen die ik kende, en zij zwaaiden terug. Het was goed om thuis te zijn. Ik liep langs mijn oude school en **herinnerde me** alle leuke tijden die ik had met mijn vrienden. We liepen altijd samen naar huis en praatten over onze dag. **Soms** stopten we om een ijsje te halen of gingen we naar het park. Dat waren de beste tijden. Ik mis die tijden. Maar nu heb ik mijn eigen familie en ik ben blij met mijn leven. Ik ben blij dat ik op die herinneringen kan terugkijken en glimlachen. Ze zijn een deel van mijn leven dat ik altijd zal koesteren. Dat waren de beste tijden. Ik mis die tijden. Maar nu heb ik mijn eigen familie en ben ik gelukkig met mijn leven. Ik ben blij dat ik kan terugkijken op die **herinneringen** en kan glimlachen. Ze zijn een deel van mijn leven dat ik altijd zal koesteren.

Ik blijf lopen, denkend aan de goede tijden die ik had met mijn vrienden. Ik weet dat ik ze snel weer zal zien. Ik ga richting mijn huis en besluit door een park in de buurt te lopen. De zon gaat onder en de lucht kleurt **prachtig** oranje. Het park is leeg, behalve een

couche et le ciel prend une **belle** couleur orange. Le parc est vide, à l'exception de quelques oiseaux qui gazouillent dans les arbres. Je prends une profonde **inspiration** et je souris. Alors que je marche dans le parc, je vois une étoile filante traverser le ciel. J'ai fait un vœu sur cette étoile et j'ai continué à marcher. Je pense à ma journée de travail et au **calme qui** y régnait. Je souris à moi-même, en pensant à la chance que j'ai d'avoir un si bon travail. Je rentre chez moi, en **sentant** l'air frais de la nuit sur ma peau. Je me sens si vivante et heureuse, en appréciant le simple fait de rentrer chez moi par une nuit paisible.

Je me sentais si bien que j'ai commencé à **siffler**. Je suis passé devant quelques personnes dans la rue, mais elles s'occupaient toutes de leurs affaires.

J'ai tourné le coin de ma rue et j'ai vu le chat de mon voisin, M. Whiskers, assis sur mon porche. Je lui ai dit bonjour et il miaulait en retour. J'ai **déverrouillé** ma porte et je suis entrée. J'étais si heureuse d'être chez moi. J'ai enlevé mes chaussures et me suis préparée pour aller me coucher. Je me suis couchée ce soir-là, heureuse et reconnaissante, le cœur plein d'amour. J'ai dormi profondément toute la nuit, sans me soucier de rien. Je me suis réveillée d'un sommeil réparateur et j'ai été **accueillie** par le soleil qui brillait à travers ma fenêtre. Je suis sorti du lit et me suis étiré, prenant une profonde inspiration et sentant l'air frais remplir mes poumons.

paar vogels die in de bomen tjilpen. Ik haal diep **adem** en glimlach. Terwijl ik door het park loop, zie ik een vallende ster door de lucht scheren. Ik doe een wens op die ster, en loop verder. Ik denk aan mijn dag op het werk en hoe **vredig** het was. Ik glimlach in mezelf, denkend aan hoe gelukkig ik ben dat ik zo'n geweldige baan heb. Ik loop naar huis en **voel** de koele nachtlucht op mijn huid. Ik voel me zo levendig en gelukkig, gewoon genietend van de eenvoudige handeling van het naar huis lopen op een vredige avond.
Ik voelde me zo goed, dat ik begon te **fluiten**. Ik liep langs een paar mensen op straat, maar ze bemoeiden zich allemaal met hun eigen zaken.

Ik draaide de hoek van mijn straat om en zag de kat van mijn buren, Mr. Whiskers, op mijn veranda zitten. Ik zei hem gedag en hij miauwde terug. Ik **deed** mijn deur **van het slot** en ging naar binnen. Ik was zo blij om thuis te zijn. Ik trok mijn schoenen uit en maakte me klaar om naar bed te gaan. Ik ging die avond naar bed met een blij en dankbaar gevoel, mijn hart vol liefde. Ik sliep de hele nacht rustig door, zonder me ergens zorgen over te maken. Ik werd wakker uit een rustgevende slaap en werd **begroet** door de zon die door mijn raam naar binnen scheen. Ik stapte uit bed en rekte me uit, haalde diep adem en voelde hoe de koele lucht mijn longen vulde.

Questions de compréhension

1. Que faisait le protagoniste au début de l'histoire ?

2. A quoi pensait le protagoniste en rentrant chez lui ?

3. Qu'est-ce que le protagoniste avait l'habitude de faire avec ses amis après l'école ?

4. Qu'est-ce que le protagoniste regrette de cette époque ?

5. Que pense le protagoniste de sa vie actuelle ?

6. Que fait le protagoniste lorsqu'il voit une étoile filante ?

7. Que ressent le protagoniste lorsqu'il rentre à pied chez lui ?

8. Que fait le protagoniste lorsqu'il rentre chez lui ?

9. Que ressent le protagoniste lorsqu'il se réveille le lendemain matin ?

10. Que fait le protagoniste le lendemain ?

Begrip vragen

1. Wat was de hoofdpersoon aan het doen toen het verhaal begon?

2. Waar dacht de hoofdpersoon aan toen hij naar huis liep?

3. Wat deed de hoofdpersoon vroeger met vrienden na school?

4. Wat mist de hoofdpersoon van die tijd?

5. Wat vindt de hoofdpersoon van zijn huidige leven?

6. Wat doet de hoofdpersoon als hij een vallende ster ziet?

7. Hoe voelt de hoofdpersoon zich als ze naar huis lopen?

8. Wat doet de hoofdpersoon als ze thuiskomen?

9. Hoe voelt de hoofdpersoon zich als hij de volgende ochtend wakker wordt?

10. Wat doet de hoofdpersoon de volgende dag?

Le château

La famille avait toujours voulu visiter un vieux château en **Allemagne**, et elle a finalement fait le voyage. Ils n'ont pas été **déçus**. Le château était magnifique, et ils ont pris plaisir à explorer ses nombreuses pièces et couloirs. La première chose qui les frappe est l'odeur. Ils ont trouvé de la **moisissure**, de l'humidité et quelque chose d'autre qu'ils n'ont pas réussi à identifier. La deuxième chose a été le son. Les murs de pierre sont épais, mais ils n'étouffent pas complètement le son. Ils ont entendu chaque pas, chaque mot prononcé d'une voix normale, et le goutte-à-goutte occasionnel de l'eau **quelque part** au loin. Lorsque leurs yeux se sont adaptés à la faible lumière, ils ont vu des murs de pierre massifs se dresser tout autour d'eux, des tapisseries y étant suspendues en **lambeaux**. Ils se tenaient dans un immense hall avec un haut plafond soutenu par des piliers sculptés. Ils ont également adoré les vues depuis les tourelles, et les enfants ont eu beaucoup de plaisir à courir dans le parc. Le **soleil** avait commencé à se coucher lorsqu'ils ont fini d'explorer le château, et ils ont regretté de ne pas avoir apporté de **lampe de poche**. Ils ont décidé de retourner à l'entrée, mais ils se sont vite perdus. Ils errent pendant des heures, jusqu'à ce qu'ils trouvent enfin une porte qui mène à l'extérieur. Ils ont continué jusqu'à ce qu'ils **atteignent le** bout du

Het kasteel

De familie had altijd al eens een oud kasteel in **Duitsland** willen bezoeken, en eindelijk hebben ze de reis gemaakt. Ze werden niet **teleurgesteld**. Het kasteel was prachtig, en ze genoten van het verkennen van de vele kamers en gangen. Het eerste wat hen trof was de geur. Ze vonden **schimmel**, vochtigheid, en iets anders waar ze hun vinger niet op konden leggen. Het tweede was het geluid. Stenen muren zijn dik, maar ze dempen het geluid niet volledig. Ze hoorden elke voetstap, elk woord dat met een normale stem werd gesproken, en af en toe een druppeltje water **ergens** in de verte. Toen hun ogen zich aanpasten aan het zwakke licht, zagen zij overal om hen heen massieve stenen muren opdoemen, waaraan wandtapijten in flarden hingen. Ze stonden in een enorme hal met een hoog plafond, ondersteund door gebeeldhouwde pilaren. Ze hielden ook van het uitzicht vanaf de torentjes, en de kinderen vermaakten zich met rondrennen over het terrein. De **zon** begon al onder te gaan tegen de tijd dat ze klaar waren met het verkennen van het kasteel, en ze betreurden het dat ze geen **zaklamp** hadden meegenomen. Ze besloten om terug te gaan naar de ingang, maar al snel waren ze verdwaald. Ze dwaalden urenlang rond, tot ze eindelijk een deur tegenkwamen die naar buiten

couloir et arrivent à une imposante série de doubles portes. Ils ont beau essayer, les portes ne bougent pas. Elles cliquettent **sinistrement** mais ne bougent pas d'un pouce. On dirait que celui qui était ici avant a dû passer par là et les verrouiller de l'intérieur. Finalement, ils ont trouvé un moyen de sortir. Le soulagement les envahit alors qu'ils sortent dans l'air frais de la nuit.

Le soleil avait commencé à se coucher, et ils **regrettaient de ne pas avoir** apporté de lampe de poche. Ils ont décidé de retourner à l'entrée, mais ils se sont vite perdus. Ils ont erré pendant ce qui leur a semblé être des heures, jusqu'à ce qu'ils trouvent enfin une porte qui menait à **l'extérieur**. Le soulagement les a envahis alors qu'ils sortaient dans l'air frais de la nuit. Le lendemain soir, ils ont pris soin d'emporter une lampe de poche pour explorer le reste du château. Ils ont traversé la **cour** et sont descendus jusqu'à la rivière qui coulait derrière les murs du **château**. Alors qu'ils se promenaient, ils ont commencé à entendre des bruits étranges. On aurait dit que quelqu'un les suivait. Ils accélèrent le pas, mais les bruits deviennent plus forts et plus proches. Les membres de la famille courent vers le château aussi vite qu'ils le peuvent, et ils sont soulagés de voir que la silhouette au manteau **sombre** ne les a pas suivis.

leidde. Ze liepen door tot ze **aan het** eind van de gang kwamen bij een imposant stel dubbele deuren. Hoe ze ook probeerden, de deuren wilden niet bewegen. Ze rammelden **onheilspellend**, maar bewogen geen centimeter. Het leek erop dat degene die hier eerder was, hier doorheen was gegaan en ze van binnenuit had afgesloten. Uiteindelijk vinden ze een uitweg. Opluchting overspoelde hen toen ze naar buiten stapten in de koele nachtlucht.

De zon begon onder te gaan en zij **betreurden het** dat zij geen zaklamp hadden meegenomen. Ze besloten terug te gaan naar de ingang, maar al gauw waren ze verdwaald. Ze dwaalden urenlang rond, tot ze eindelijk een deur tegenkwamen die **naar buiten** leidde. Opluchting overviel hen toen ze naar buiten stapten in de koele nachtlucht. De volgende avond namen ze een zaklamp mee om de rest van het kasteel te verkennen. Ze liepen over de **binnenplaats** en naar de rivier die achter de kasteelmuren stroomde. Terwijl ze rondliepen, begonnen ze vreemde geluiden te horen. Het klonk alsof iemand hen volgde. Ze versnelden hun pas, maar de geluiden werden luider en dichterbij. De familie rende zo snel als ze konden terug naar het kasteel, en ze waren opgelucht toen ze zagen dat de figuur in de **donkere** mantel hen niet was gevolgd.

Questions de compréhension

1. Qu'a fait la famille lorsqu'elle s'est perdue dans le château ?

2. Comment la famille s'est-elle sentie quand elle a découvert que c'était juste un homme du coin ?

3. Qu'a fait l'homme qui a été arrêté ?

4. Quelle a été la sentence pour cet homme ?

5. Quel bruit la famille a-t-elle entendu pendant qu'elle marchait ?

6. Où était le personnage au manteau sombre quand la famille l'a vu ?

7. Qu'a fait la famille en rentrant dans sa chambre ?

8. Quand la famille est-elle repartie explorer le château ?

9. Quelle était la chose sur laquelle la famille n'arrivait pas à mettre le doigt ?

10. Qu'a fait la famille avant de retourner explorer le château ?

Begrip vragen

1. Wat deed de familie toen ze verdwaald waren in het kasteel?

2. Hoe voelde de familie zich toen ze erachter kwamen dat het gewoon een lokale man was?

3. Wat heeft de man gedaan waardoor hij gearresteerd is?

4. Wat was de straf voor de man?

5. Welk geluid hoorde de familie tijdens de wandeling?

6. Waar was de figuur in de donkere mantel toen de familie hem zag?

7. Wat deed de familie toen ze terugkwamen in hun kamer?

8. Wanneer ging de familie het kasteel weer verkennen?

9. Wat was het ding waar de familie hun vinger niet op konden leggen?

10. Wat deed de familie voordat ze weer op verkenning gingen in het kasteel?

Mon jardin

Mon jardin est mon coin de paradis. J'y vais tous les jours, qu'il pleuve ou qu'il vente, et je passe du temps à m'occuper de mes plantes. J'ai un peu de **tout :** **légumes**, fruits, fleurs, herbes. J'ai même quelques poules qui m'aident à tenir les parasites à distance. Je commence mes journées dans le jardin en ramassant les œufs des poules. Puis je vérifie que mes légumes reçoivent suffisamment d'eau et de soleil. Je désherbe les plates-bandes et j'élimine les insectes qui pourraient **attaquer** les plantes. Une fois que **tout est** fait, je m'assois et je profite de la paix et du calme de la nature.

J'ai toujours aimé passer du temps dans mon jardin. Il y a quelque chose dans le fait d'être entouré par la nature et toute la **beauté qu'**elle a à offrir. Je trouve que c'est un endroit très paisible et apaisant. Je passe souvent du temps dans mon jardin à me détendre et à profiter du paysage. J'aime aussi travailler dans mon jardin et faire pousser des choses. J'ai un jardin d'assez bonne taille et j'aime y faire pousser toutes **sortes** de choses. Je fais pousser des fleurs, des **légumes** et des herbes aromatiques. J'ai aussi quelques arbres fruitiers qui produisent de délicieuses pommes, poires et prunes. En plus de faire pousser des choses, j'aime

Mijn tuin

Mijn tuin is mijn geluksplek. Ik ga er elke dag heen, regen of zonneschijn, en besteed tijd aan het verzorgen van mijn planten. Ik heb een beetje van **alles:** **groenten**, fruit, bloemen, kruiden. Ik heb zelfs een paar kippen die helpen het ongedierte op afstand te houden. Ik begin mijn dagen in de tuin met het rapen van eieren bij de kippen. Dan controleer ik mijn groenten en zorg ervoor dat ze genoeg water en zon krijgen. Ik wied de bedden en verwijder insecten die de planten kunnen **aanvallen**. Als **alles** is gedaan, leun ik achterover en geniet van de rust en stilte van de natuur.

Ik heb altijd graag tijd doorgebracht in mijn tuin. Er is iets met het omringd zijn door de natuur en al het **moois** dat zij te bieden heeft. Ik vind het een heel vredige en kalmerende plek. Ik breng vaak tijd door in mijn tuin, gewoon om te ontspannen en te genieten van het landschap. Ik geniet er ook van om in mijn tuin te werken en dingen te kweken. Ik heb een behoorlijk grote tuin, en ik kweek er graag **verschillende** dingen in. Ik kweek bloemen, **groenten** en kruiden. Ik heb ook een paar fruitbomen die heerlijke appels, peren en pruimen voortbrengen. Naast het kweken van dingen, vind ik het ook leuk om gewoon in mijn tuin rond te lopen en de verschillende planten en dieren te

aussi passer du temps à me promener dans mon jardin, à **admirer** toutes les plantes et tous les animaux qui y vivent. J'ai passé de nombreuses heures au fil des ans à faire de mon **jardin** un endroit non seulement beau mais aussi fonctionnel. J'aime regarder les oiseaux voltiger et les écouter chanter. Parfois, je sors même un livre et je lis dans le jardin, entourée de toute la beauté que j'ai créée. Le **jardinage** est ma passion et il m'apporte tant de joie. Chaque jour dans mon jardin est un bon jour.

L'une des choses que j'aime faire, c'est cuisiner. Il est donc très **important pour moi d'**avoir un jardin d'herbes aromatiques bien garni. Le thym, le basilic, l'origan, le romarin, la sauge et la lavande sont quelques-unes des herbes que j'aime faire pousser dans mon jardin pour pouvoir les utiliser lorsque je prépare des repas pour moi ou pour mes **invités**. Une autre chose qui est importante pour moi quand il s'agit de mon jardin, c'est de m'assurer qu'il y a beaucoup de couleurs dans tout le jardin. Pour atteindre cet objectif, je cultive une grande variété de fleurs, notamment des **roses**, des lys, des marguerites, des tulipes, des impatiens, des soucis, etc. En plus d'ajouter de la couleur avec les fleurs, j'aime aussi ajouter de l'intérêt en utilisant différentes **textures** dans le jardin. Par exemple, je peux planter des fougères sous des tournesols imposants ou des hostas à **côté de** graminées ornementales hérissées.

bewonderen die er wonen. Ik heb in de loop der jaren vele uren besteed om van mijn **tuin** een plek te maken die niet alleen mooi is, maar ook functioneel. Ik kijk graag naar de vogels die rondfladderen en luister naar hun gezang. Soms haal ik zelfs een boek tevoorschijn en lees in de tuin terwijl ik omringd ben door al het moois dat ik heb gecreëerd. **Tuinieren** is mijn passie en het brengt me zoveel vreugde. Elke dag in mijn tuin is een goede dag.

Een van de dingen die ik graag doe is koken, dus een goed gevulde kruidentuin is erg **belangrijk** voor me. Tijm, basilicum, oregano, rozemarijn, salie en lavendel zijn slechts enkele van de kruiden die ik graag in mijn tuin kweek, zodat ik ze kan gebruiken bij het bereiden van maaltijden voor mezelf of voor **gasten**. Wat ik ook belangrijk vind in mijn tuin is dat er veel kleur in zit. Om dit doel te bereiken, kweek ik een grote verscheidenheid aan bloemen, waaronder **rozen**, lelies, madeliefjes, tulpen, impatiens, goudsbloemen, enz. Naast het toevoegen van kleur met bloemen, vind ik het ook leuk om verschillende **texturen te** gebruiken in de tuin. Zo plant ik bijvoorbeeld varens onder torenhoge zonnebloemen of hosta's **naast** stekelige siergrassen.

Questions de compréhension

1. Où se trouve le jardin de l'auteur ?

2. Combien de poulets l'auteur possède-t-il ?

3. Que fait l'auteur dans le jardin tous les jours ?

4. Pourquoi l'auteur aime-t-il le jardin ?

5. Quelles herbes l'auteur plante-t-il dans le jardin ?

6. Pourquoi est-il important pour l'auteur qu'il y ait beaucoup de couleurs dans son jardin ?

7. Comment l'auteur apporte-t-il de la variété à son jardin ?

8. Que ressent l'auteur lorsqu'il travaille dans son jardin ?

9. Qu'est-ce qui fait que l'auteur se sent connecté quand il est dans son jardin ?

10. Pourquoi chaque jour dans le jardin de l'auteur est-il un bon jour ?

Begrip vragen

1. Waar is de tuin van de auteur?

2. Hoeveel kippen heeft de schrijver?

3. Wat doet de schrijver elke dag in de tuin?

4. Waarom houdt de auteur van de tuin?

5. Welke kruiden plant de auteur in de tuin?

6. Waarom is het belangrijk voor de auteur dat er veel kleuren in zijn tuin zijn?

7. Hoe brengt de auteur afwisseling in zijn tuin?

8. Hoe voelt de schrijver zich als hij in zijn tuin werkt?

9. Waardoor voelt de auteur zich verbonden als hij in zijn tuin is?

10. Waarom is elke dag in de tuin van de auteur een goede dag?

Faire du shopping

J'adore aller **faire du shopping** au centre commercial.
C'est toujours très amusant de se promener et de
regarder tous les différents magasins. Il y en a pour
tous les goûts au centre commercial et c'est toujours
l'endroit idéal pour faire des affaires sur les vêtements,
les chaussures et les accessoires. Je commence
généralement mon shopping en passant par l'**entrée**
principale du centre commercial. De là, je me dirige
d'abord vers mes magasins préférés. Après avoir
fait le tour de ces magasins, je me promène pour
voir s'il y a des soldes dans d'autres endroits. Je
finis généralement par passer quelques heures dans
le centre commercial avant de faire mes achats.
J'aime toujours prendre mon temps lorsque je fais du
shopping, **car** je veux être sûre d'obtenir **exactement**
ce que je veux. En plus, c'est plus amusant comme ça !

Je trouve toujours **fascinant** d'observer les gens
quand je suis au centre commercial. On peut vraiment
en apprendre beaucoup sur une personne par sa
façon de faire ses courses. Certaines personnes sont
très méthodiques et prennent leur temps, tandis que
d'autres semblent prendre **tout ce qu'**elles peuvent
et se diriger vers la caisse aussi vite que possible. Il
y a aussi les acheteurs qui semblent plus intéressés

Gaan winkelen

Ik hou ervan om te gaan **winkelen** in het winkelcentrum. Het is altijd zo leuk om rond te lopen en naar alle verschillende winkels te kijken. Er is voor elk wat wils in het winkelcentrum, en het is altijd een geweldige plek om deals te vinden voor kleren, schoenen en accessoires. Ik begin mijn shoppingtrip meestal met een wandeling door de **hoofdingang** van het winkelcentrum. Van daaruit ga ik eerst naar mijn favoriete winkels. Na het bekijken van die winkels, loop ik rond en kijk of er een verkoop gaande is op andere plaatsen. Meestal ben ik wel een paar uur in het winkelcentrum voordat ik eindelijk mijn aankopen doe. Ik neem altijd graag mijn tijd als ik ga winkelen, **want** ik wil zeker weten dat ik **precies** krijg wat ik wil. Plus, het is gewoon leuker op die manier!

Ik vind het altijd zo **fascinerend** om mensen te kijken als ik in het winkelcentrum ben. Je kunt echt veel over een persoon vertellen door de manier waarop ze winkelen. Sommige mensen zijn heel methodisch en nemen hun tijd, terwijl anderen gewoon lijken te grijpen **wat** ze kunnen en zo snel mogelijk naar de kassa gaan. Er zijn ook shoppers die meer geïnteresseerd lijken te zijn in het praten op hun mobieltje of in sms'en dan in het bekijken van de koopwaar! Het maakt echter

à parler au téléphone portable ou à envoyer des SMS qu'à regarder la marchandise ! Quel que soit le type d'acheteur, tout le monde semble apprécier le lèche-vitrine, même si vous n'achetez rien. Il y a quelque chose qui me rend heureuse dans le fait de regarder toutes ces jolies choses dans les **vitrines des magasins**. Parfois, je m'imagine comment ce serait si je pouvais m'offrir **tout ce que** je vois ! En fin de compte, passer une journée à faire du shopping au centre commercial est l'un de mes passe-temps favoris. C'est un excellent moyen de se détendre et de se relaxer tout en faisant un peu d'exercice (si vous marchez suffisamment). Et puis, c'est **toujours** agréable de s'offrir une nouvelle chemise ou une nouvelle paire de chaussures de temps en temps !

J'ai eu une **longue** journée de travail et j'ai enfin eu du temps pour moi, alors j'ai décidé d'aller faire du shopping au centre commercial. J'avais besoin de nouveaux vêtements pour la saison **à venir**. Dès que je suis entrée, j'ai vu toutes les lumières vives et les façades brillantes des magasins. Je me suis dirigée vers mon magasin préféré en premier et j'ai commencé à parcourir les rayons. J'ai trouvé quelques jolis hauts et les ai essayés dans la cabine d'essayage. Alors que je me regardais dans le miroir, j'ai entendu quelqu'un entrer dans la cabine d'**essayage** à côté de la mienne. J'ai reconnu sa voix comme étant celle d'un de mes collègues de travail.

niet uit wat voor soort shopper je bent, iedereen lijkt te genieten van window shopping - zelfs als je niet echt iets koopt. Er is gewoon iets aan het kijken naar al die mooie dingen in de **etalages** dat me gelukkig maakt. Soms fantaseer ik over hoe het zou zijn als ik me **alles** kon veroorloven wat ik zie! Al met al is een dagje winkelen in het winkelcentrum een van mijn favoriete bezigheden. Het is een geweldige manier om te ontspannen en tot rust te komen, terwijl je ook een beetje beweging krijgt (als je maar genoeg rondloopt). Bovendien is het **altijd** leuk om jezelf af en toe te trakteren op een nieuw shirt of een paar schoenen!

Ik had een **lange** dag op het werk en had eindelijk wat tijd voor mezelf, dus besloot ik te gaan winkelen in het winkelcentrum. Ik had wat nieuwe kleren nodig voor het **komende** seizoen. Zodra ik binnenkwam, zag ik al die felle lichten en glimmende etalages. Ik ging eerst naar mijn favoriete winkel en begon door de rekken te snuffelen. Ik vond een paar leuke topjes en paste ze in de kleedkamer. Terwijl ik mezelf in de spiegel bekeek, hoorde ik iemand de kleedkamer naast de mijne binnenkomen. Ik herkende zijn stem als een van mijn collega's.

Questions de compréhension

1. Où aimez-vous le plus stocker ?

2. Quel est votre magasin préféré dans le centre commercial ?

3. Combien de temps restez-vous habituellement au centre commercial ?

4. Que pensez-vous des personnes qui passent beaucoup de temps au centre commercial ?

5. Quelle est votre activité préférée au centre commercial ?

6. Avez-vous déjà acheté quelque chose au centre commercial alors que vous n'en aviez pas vraiment besoin ?

7. Comment réagissez-vous lorsque vous voyez au centre commercial un article que vous aimeriez vraiment, mais qui est trop cher ?

8. Avez-vous déjà vu quelque chose au centre commercial en vous demandant qui l'achèterait ?

9. Que pensez-vous des personnes qui sont occupées avec leur téléphone portable dans les centres commerciaux au lieu de regarder les magasins ?

Begrip vragen

1. Waar sla je het liefst op?

2. Wat is je favoriete winkel in het winkelcentrum?

3. Hoe lang blijft u meestal in het winkelcentrum?

4. Wat vind je van mensen die veel tijd in het winkelcentrum doorbrengen?

5. Wat is uw favoriete bezigheid in het winkelcentrum?

6. Heb je ooit iets gekocht in het winkelcentrum terwijl je het niet echt nodig had?

7. Hoe reageert u als u in het winkelcentrum iets ziet dat u heel graag zou willen hebben, maar dat te duur is?

8. Heb je ooit iets in het winkelcentrum gezien en je afgevraagd wie het zou kopen?

9. Wat vindt u van mensen die in het winkelcentrum met hun mobieltje bezig zijn in plaats van naar de winkels te kijken?

Au marché

Je me réveille tôt le samedi matin, impatiente de me rendre au **marché** avant qu'il ne soit trop fréquenté. Je m'habille et je sors, en prenant mes sacs réutilisables en chemin. En marchant, je commence à planifier ce que je veux faire pour la semaine à venir. Je sais que je veux faire **rôtir des** légumes au moins une fois, donc je vais devoir acheter des légumes de bonne qualité. Je veux aussi faire une soupe ou un ragoût, et je vais donc devoir acheter de la viande. Je verrai bien ce qui me semble bon quand je serai sur place. Le marché n'est qu'à quelques rues de là, et je vois déjà les étals installés et les **gens qui** s'agitent.

J'arrive au marché et me dirige directement vers le stand des légumes. La sélection est magnifique, et je remplis mes sacs d'une variété de produits **frais**. Je discute un peu avec le fermier et il me recommande quelques recettes. J'ai hâte de les essayer. Je discute avec les **agriculteurs** pendant que je fais mes courses, pour apprendre à les connaître et à connaître leurs produits. Après avoir acheté tous les légumes dont j'ai besoin, je passe à la section des viandes. Je suis un peu plus hésitante, car je ne suis pas sûre de ce que je veux acheter. J'opte finalement pour du poulet, car il est polyvalent et peut être utilisé dans de nombreux

Op de markt

Ik sta op zaterdagochtend vroeg op, popelend om naar de **markt te gaan** voordat het te druk wordt. Ik trek wat kleren aan en ga de deur uit, terwijl ik onderweg mijn herbruikbare tassen pak. Terwijl ik loop, begin ik te plannen wat ik de komende week wil maken. Ik weet dat ik minstens één keer groenten wil **roosteren**, dus ik moet wat groenten van goede kwaliteit kopen. Ik wil ook een soep of stoofpot maken, dus ik moet ook wat vlees kopen. Ik zal moeten kijken wat er goed uitziet als ik daar ben. De markt is maar een paar straten verderop, en ik zie de kraampjes al staan en de **mensen al rondlopen**.

Ik kom aan op de markt en ga meteen naar de groentekraam. Het aanbod is prachtig en ik vul mijn tassen met een verscheidenheid aan **verse** producten. Ik maak een praatje met de boer en hij raadt me een paar recepten aan. Ik ben enthousiast om ze uit te proberen. Ik maak een praatje met de **boeren** terwijl ik aan het winkelen ben en leer hen en hun producten kennen. Als ik alle groenten heb die ik nodig heb, ga ik naar de vleesafdeling. Ik aarzel een beetje, omdat ik niet zeker weet wat ik wil hebben. Uiteindelijk kies ik voor kip, omdat dat veelzijdig is en in allerlei gerechten kan worden gebruikt. Ik koop

plats. J'achète également quelques morceaux de viande différents, en veillant à prendre du bœuf nourri à l'herbe et du **poulet** élevé en plein air. Le boucher est un homme sympathique, toujours de bonne humeur malgré ses longues heures de travail. Il a emballé mes blancs de poulet et mon steak avant de me parler de ses projets pour le week-end. Je lui ai dit au revoir et j'ai continué mon chemin. J'ai également acheté des œufs et du fromage au rayon produits laitiers.

Le marché grouille de gens, tous impatients de mettre la **main sur les** produits frais et la viande proposés. L'odeur de l'ail et des oignons flottait dans l'air, et le son des rires et des conversations était omniprésent. Je me suis frayé un chemin dans la foule, en choisissant les autres articles dont j'avais besoin pour mes courses de la semaine. J'ai rempli mon **panier** de fruits et légumes, de pâtes et de pain, avant de me diriger vers la caisse. La file d'attente est longue, mais elle avance rapidement. Enfin, j'ai acheté les dernières **provisions et il est** temps de rentrer à la maison. La voiture est chargée, et le chemin du retour est long et fastidieux. La circulation est dense et la chaleur est accablante. Enfin, la voiture se gare dans l'allée et le soulagement est palpable. La maison était fraîche et calme, et c'était un havre de paix après l'**agitation** du marché. Tout a été rangé, et la maison a rapidement retrouvé sa tranquillité habituelle.

ook een paar verschillende stukken vlees, en zorg ervoor dat ik grasgevoerd rundvlees en **scharrelkip koop**. De slager was een vriendelijke man, altijd vrolijk ondanks de lange uren die hij werkte. Hij pakte mijn kippenborst en biefstuk in voordat hij met me praatte over zijn weekendplannen. Ik nam afscheid van hem en vervolgde mijn weg. Ik heb ook nog wat eieren en kaas meegenomen uit de zuivelafdeling.

Het krioelde van de mensen op de markt, die allemaal stonden te popelen om de verse producten en het vlees dat werd aangeboden in **handen te** krijgen. De lucht hing vol met de geur van knoflook en uien, en het geluid van gelach en gesprekken vulde de lucht. Ik baande me een weg door de menigte en zocht de andere dingen uit die ik nodig had voor mijn wekelijkse boodschappen. Ik vulde mijn **mandje** met fruit en groenten, pasta en brood, voordat ik naar de kassa ging. De rij was lang, maar het ging snel. Eindelijk waren de laatste **boodschappen** gedaan, en was het tijd om naar huis te gaan. De auto werd volgeladen, en de rit naar huis was lang en moeizaam. Het verkeer was druk en de hitte was drukkend. Eindelijk reed de auto de oprit op en de opluchting was voelbaar. Het huis was koel en stil, en het was een oase na de drukte van de markt. Alles werd opgeborgen, en het huis was al snel weer in zijn gebruikelijke rust en stilte.

Questions de compréhension

1. Où la personne se rend-elle ?

2. Que veut acheter la personne ?

3. Combien de sacs la personne possède-t-elle ?

4. A quelle distance se trouve le marché ?

5. Que fait la personne en ce moment ?

6. Que se passe-t-il sur le marché ?

7. Combien y a-t-il de personnes sur le marché ?

8. Combien de temps a-t-il fallu à la personne pour tout acheter ?

9. Comment la personne est-elle rentrée chez elle ?

10. Qu'a fait la personne en rentrant chez elle ?

Begrip vragen

1. Waar gaat de persoon heen?

2. Wat wil de persoon kopen?

3. Hoeveel tassen heeft de persoon?

4. Hoe ver weg is de markt?

5. Wat doet de persoon op dit moment?

6. Wat is alles op de markt?

7. Hoeveel mensen zijn er op de markt?

8. Hoe lang heeft de persoon erover gedaan om alles te kopen?

9. Hoe is de persoon naar huis gegaan?

10. Wat deed de persoon toen hij of zij thuiskwam?

Dans un café

C'était un matin d'**automne** frisquet, et j'avais
donné rendez-vous à mon amie Lily dans notre café
préféré pour prendre un café. Je me suis enveloppée
chaudement dans mon manteau et mon écharpe et
je suis partie. Les feuilles tombaient des arbres et
l'air était glacial, mais le soleil brillait et la journée
promettait d'être magnifique. Tout en marchant, j'ai
pensé à quel point c'était bien d'avoir une amie comme
Lily. Nous étions amies depuis des années, depuis
notre rencontre à l'**université**. Nous nous sommes
liées par notre amour du café et du temps passé à
discuter dans les cafés. Même si nous vivions dans des
quartiers différents de la ville, nous nous retrouvions
pour prendre un café une fois par semaine. Je suis
arrivé au café, et Lily était déjà là, à m'attendre. Nous
nous sommes embrassées et avons commandé nos
cafés. Nous avons trouvé une table près de la fenêtre
et nous nous sommes installées pour discuter. Le **café**
était délicieux, comme toujours, et c'était si agréable
de rattraper le temps perdu avec Lily. Nous avons parlé
de notre semaine, de nos emplois et de nos projets
pour l'avenir. C'était toujours si facile de parler à Lily, et
j'avais l'impression que je pouvais tout lui dire. Après un
moment, nous avons commencé à avoir faim et **avons
décidé** de commander de la nourriture.

In een café

Het was een kille **herfstochtend** en ik had met mijn vriendin Lily afgesproken in ons favoriete café voor een kopje koffie. Ik wikkelde me warm in mijn jas en sjaal en ging op weg. De bladeren vielen van de bomen en de lucht was een beetje fris, maar de zon scheen en het beloofde een mooie dag te worden. Terwijl ik liep, **dacht** ik aan hoe goed het was om een vriendin als Lily te hebben. We waren al jaren vriendinnen, sinds we elkaar op de **universiteit** ontmoetten. We kregen een band door onze voorliefde voor koffie en het kletsen in cafés. Ook al woonden we nu in verschillende delen van de stad, we kwamen nog steeds één keer per week samen om koffie te drinken. Ik kwam aan bij het café, en Lily zat daar al op me te wachten. We omhelsden elkaar en bestelden onze koffie. We vonden een tafeltje bij het raam en gingen zitten kletsen. De **koffie** was heerlijk, zoals altijd, en het was zo leuk om bij te praten met Lily. We spraken over onze week, onze banen, en onze plannen voor de toekomst. Het was altijd zo makkelijk om met Lily te praten, en ik had het gevoel dat ik haar alles kon vertellen. Na een tijdje begonnen we honger te krijgen en **besloten we** wat eten te bestellen.

We **bestelden** ons eten en zochten een plaatsje bij het raam. De zon scheen door het raam naar binnen,

Nous avons **commandé notre** nourriture et trouvé un siège près de la fenêtre. Le soleil brillait à travers la fenêtre, rendant le tout chaleureux et joyeux. Nous avons bavardé en mangeant, appréciant le simple plaisir d'être en **compagnie de l'autre**. Le café était occupé, mais il n'y avait pas de foule. Il y avait un sentiment de paix et de satisfaction dans l'air. Après avoir terminé notre repas, nous sommes restés assis un moment de plus, profitant de l'**atmosphère** paisible. Nous avons parlé pendant un moment de différentes choses qui avaient eu lieu dans nos vies. C'était si agréable de rattraper le temps perdu avec mon ami et de **se détendre**. Le soleil brillait à travers la fenêtre, et c'était comme si **rien ne** pouvait gâcher notre journée parfaite.

Soudain, j'ai entendu un grand fracas. Je me suis retourné pour voir qu'un homme avait traversé le plafond et gisait sur le sol devant nous. Il était **couvert** de poussière et de débris et semblait être inconscient. Mon ami et moi étions tous deux sous le choc en regardant l'homme allongé sur le sol. Nous ne savions pas quoi faire ni qui appeler à l'aide. Nous sommes restés assis là, à le regarder, sans savoir quoi faire. Après quelques minutes, je me suis ressaisie et j'ai appelé le 911. L'opérateur m'a dit que quelqu'un arriverait bientôt. J'ai raccroché le téléphone et j'ai raconté à mon ami ce que l'**opérateur avait** dit.

waardoor alles warm en gelukkig aanvoelde. We babbelden terwijl we ons eten aten, en genoten van het simpele plezier om in elkaars **gezelschap** te zijn. Het was druk in het café, maar het voelde niet druk aan. Er hing een gevoel van vrede en tevredenheid in de lucht. Toen we ons eten op hadden, bleven we nog een tijdje zitten, genietend van de vredige **sfeer**. We praatten een tijdje over verschillende dingen die in ons leven waren gebeurd. Het was zo fijn om bij te praten met mijn vriend en gewoon **te ontspannen**. De zon scheen door het raam, en het voelde alsof **niets** onze perfecte dag kon verpesten.

Plotseling hoorde ik een harde klap. Ik draaide me om en zag dat een man door het plafond was gevallen en voor ons op de grond lag. Hij was **bedekt** met stof en puin en leek bewusteloos te zijn. Mijn vriend en ik waren allebei in shock toen we naar de man staarden die op de grond lag. We wisten niet wat we moesten doen of wie we moesten bellen voor hulp. We zaten daar gewoon naar hem te staren, niet wetend wat te doen. Na een paar minuten kwam ik bij en belde 911. De telefoniste zei me dat er zo iemand zou komen. Ik hing de telefoon op en vertelde mijn vriend wat de **telefoniste** had gezegd.

Questions de compréhension

1. D'où vient l'homme qui tombe à travers le toit ?

2. Pourquoi la femme est-elle avec son ami dans le café ?

3. Quel est le café préféré des deux amis ?

4. Depuis combien de temps les deux amis se connaissent-ils ?

5. Quelle est la boisson préférée des deux amis ?

6. Dans quelle ville vivent les deux amis ?

7. Combien de fois les deux amis se rencontrent-ils ?

8. De quoi parlent les deux amis lorsqu'ils se rencontrent pour la première fois dans leur café préféré ?

9. Quel est le plat préféré des deux amis ?

10. Pourquoi c'est si facile de parler à Lily ?

Begrip vragen

1. Waar komt de man vandaan die door het dak valt?

2. Waarom is de vrouw met haar vriendin in het café?

3. Wat is het favoriete café van de twee vrienden?

4. Hoe lang kennen de twee vrienden elkaar al?

5. Wat is het favoriete drankje van de twee vrienden?

6. In welke stad wonen de twee vrienden?

7. Hoe vaak ontmoeten de twee vrienden elkaar?

8. Waar hebben de twee vrienden het over als ze elkaar voor het eerst ontmoeten in hun favoriete café?

9. Wat is het lievelingseten van de twee vrienden?

10. Waarom is het zo makkelijk om met Lily te praten?

Aller nager

La piscine était toujours un endroit **rafraîchissant**, et aujourd'hui n'était pas différent. Le soleil brillait et l'eau semblait invitante. J'ai pris une profonde inspiration et j'ai plongé, sentant l'étreinte fraîche de l'eau. J'ai fait des longueurs pendant un moment, appréciant l'exercice et la possibilité de me vider la tête. Au bout d'un moment, je suis sorti et me suis séché, puis je me suis assis sur une serviette pour me détendre au soleil. J'ai fermé les yeux et laissé la **chaleur** m'envahir, sentant mes muscles se détendre. Soudain, j'ai entendu une éclaboussure et j'ai ouvert les yeux pour voir ma petite sœur **pagayer dans la** partie peu profonde. J'ai souri et je l'ai regardée pendant un moment, puis je me suis levée et je suis allée vers elle. Nous avons bavardé un peu et pataugé ensemble, appréciant la compagnie de l'autre. Nos parents nous ont bientôt rejoints et nous avons passé le reste de l'après-midi à nager et à jouer ensemble. C'était toujours très agréable de passer du temps avec la famille à la piscine. Il y a **quelque chose** dans le fait d'être dans l'eau qui semble rassembler les gens. Peut-être est-ce parce que nous sommes tous égaux lorsque nous sommes dans l'eau - nous ne pouvons pas cacher nos défauts ou prétendre être ce que nous ne sommes pas. Ou peut-être est-ce simplement parce que c'est amusant ! **Quelle que**

Gaan zwemmen

Het zwembad was altijd een **verfrissende** plek om te zijn, en vandaag was dat niet anders. De zon scheen en het water zag er uitnodigend uit. Ik haalde diep adem en dook erin, de koele omhelzing van het water voelend. Ik zwom een tijdje baantjes, genoot van de beweging en de kans om mijn hoofd leeg te maken. Na een tijdje kwam ik eruit en droogde me af, waarna ik op een handdoek ging zitten om te relaxen in de zon. Ik sloot mijn ogen en liet de **warmte** over me heen spoelen, ik voelde mijn spieren ontspannen. Plotseling hoorde ik een plons en ik opende mijn ogen om mijn kleine zusje te zien **poedelen** in het ondiepe gedeelte. Ik glimlachte en keek een tijdje naar haar, stond toen op en liep naar haar toe. We kletsten wat en peddelden samen wat rond, genietend van elkaars gezelschap. Al snel kwamen onze ouders erbij, en we brachten de rest van de middag zwemmend en spelend door. Het was altijd zo leuk om tijd met de familie in het zwembad door te brengen. Er is **iets** met in het water zijn dat mensen samenbrengt. Misschien is het omdat we allemaal gelijk zijn als we in het water zijn - we kunnen onze gebreken niet verbergen of doen alsof we iets zijn wat we niet zijn. Of misschien is het gewoon omdat het leuk is! **Wat** de reden ook is, ik was gewoon blij dat we allemaal bij elkaar konden komen en van elkaars gezelschap

soit la raison, j'étais simplement heureuse que nous puissions tous nous réunir et profiter de la compagnie des autres dans un endroit aussi spécial.

Le soleil tapait sur ma peau et l'odeur du chlore flottait dans l'air. J'entendais le bruit des enfants qui riaient et barbotaient dans la piscine. J'étais allongée sur une chaise **longue près de la** piscine, profitant du soleil et **de la** journée. J'avais les yeux fermés et j'étais sur le point de m'endormir lorsque j'ai entendu quelqu'un s'approcher de moi. J'ai ouvert les yeux et j'ai vu une femme debout à côté de moi. Elle portait un bikini et avait une serviette enroulée autour de sa taille. Elle avait de longs cheveux blonds et des yeux bleus. Elle tenait une bouteille de **crème solaire** dans sa main. "Ça te dérange si je mets de la crème solaire sur ton dos ?" a-t-elle demandé. "Non, ça va", ai-je répondu, en me redressant pour qu'elle puisse atteindre mon dos. J'ai senti ses mains sur ma peau alors qu'elle appliquait la crème solaire.

Son toucher était doux et l'odeur de la crème solaire était apaisante. J'ai fermé les yeux à nouveau et me suis laissé aller à la détente. Je pouvais entendre le **bruit** de ses mouvements, mais je n'ai pas ouvert les yeux. Je me suis contenté de rester allongé au soleil, en écoutant le bruit des vagues qui **s'écrasaient** sur le rivage. Après quelques minutes, elle s'est éloignée, et j'ai ouvert les yeux.

konden genieten op zo'n speciale plek.

De zon scheen op mijn huid en de geur van chloor hing in de lucht. Ik kon de geluiden horen van lachende kinderen die in het zwembad spetterden. Ik lag op een ligstoel naast het zwembad, te genieten van de zon en **de** dag. Ik had mijn ogen gesloten en wilde net in slaap vallen toen ik iemand naar me toe hoorde lopen. Ik opende mijn ogen en zag een vrouw naast me staan. Ze droeg een bikini en had een handdoek om haar middel gewikkeld. Ze had lang blond haar en blauwe ogen. Ze hield een fles **zonnebrandcrème** in haar hand. "Vind je het erg als ik wat zonnebrandcrème op je rug smeer?" vroeg ze. "Nee, dat hoeft niet," zei ik, terwijl ik rechtop ging zitten zodat ze bij mijn rug kon. Ik voelde haar handen op mijn huid terwijl ze de zonnebrandcrème aanbracht.

Haar aanraking was zacht en de geur van de zonnebrandcrème was kalmerend. Ik sloot mijn ogen weer en liet me ontspannen. Ik kon het **geluid** van haar bewegingen horen, maar ik opende mijn ogen niet. Ik was tevreden met het feit dat ik daar in de zon lag, luisterend naar het geluid van de golven **die** tegen de kust sloegen. Na een paar minuten liep ze weg, en ik opende mijn ogen.

Questions de compréhension

1. Où se trouvait le narrateur lorsqu'il a commencé l'histoire ?

2. Que sent le narrateur lorsqu'il ouvre les yeux ?

3. Qu'entend le narrateur lorsqu'il ouvre les yeux ?

4. A qui la femme donne-t-elle de la crème solaire au narrateur ?

5. De quoi le narrateur rêve-t-il ?

6. Pourquoi la baignade dans la mer est-elle si spéciale pour le narrateur ?

7. quelle est la sensation de l'eau dans laquelle nage le narrateur ?

8. Que voit le narrateur quand il sort de l'eau ?

9. Que fait la femme après avoir mis la crème solaire sur le narrateur ?

10. De quoi le narrateur et la femme parlent-ils à la fin de l'histoire ?

Begrip vragen

1. Waar was de verteller toen hij het verhaal begon?

2. Wat ruikt de verteller als hij zijn ogen opent?

3. Wat hoort de verteller als hij zijn ogen opent?

4. Van wie is de zonnebrandcrème die de vrouw aan de verteller geeft?

5. Waar droomt de verteller over?

6. Waarom is zwemmen in de zee zo speciaal voor de verteller?

7. Hoe voelt het water aan waarin de verteller zwemt?

8. Wat ziet de verteller als hij uit het water komt?

9. Wat doet de vrouw nadat ze de verteller heeft ingesmeerd met zonnebrandcrème?

10. Waarover praten de verteller en de vrouw aan het eind van het verhaal?

Tonte de la pelouse

Il est 10 heures du matin, un **samedi d'**été, et le soleil tape déjà sans pitié. Vous vous frayez un chemin jusqu'au garage pour aller chercher la tondeuse à gazon, avec l'impression d'être **condamné** aux travaux forcés. Vous commencez à tondre la pelouse, en veillant à aller doucement pour ne pas manquer d'endroits. Pendant que vous tondez, vous pensez à tout le bien que cela fait d'être dehors à l'air frais. Alors que vous commencez à pousser la tondeuse d'avant en arrière sur la pelouse, vous apercevez votre voisin du coin de l'**œil**. Vous lui faites signe et lui dites bonjour, et il vous répond.

Après quelques minutes, vous avez terminé, et vous vous rendez chez votre voisin pour prendre une bière avec lui dans le jardin de devant. C'est une journée **parfaite**, il ne fait pas trop chaud et une légère brise souffle. Vous êtes assis à l'ombre de l'arbre, sirotant votre bière et discutant avec votre voisin. Ce sont des jours comme celui-ci qui vous font apprécier l'été. Puis vous rentrez à l'intérieur pour prendre une bière bien méritée. Vous vous installez sur une chaise sous le porche et ouvrez la canette, en poussant un soupir de satisfaction. Le bruit de la tondeuse s'estompe et vous

Het maaien van het gazon

Het is 10 uur 's ochtends op een zomerse **zaterdag**, en de zon schijnt al ongenadig. Je sjokt naar de garage om de grasmaaier te halen, met het gevoel dat je **veroordeeld bent** tot dwangarbeid. Je begint het gazon te maaien, en zorgt ervoor dat je het rustig aan doet, zodat je niets over het hoofd ziet. Terwijl je aan het maaien bent, denk je aan hoe goed het voelt om buiten in de frisse lucht te zijn. Terwijl u de maaier heen en weer over het gazon duwt, ziet u uw buurman vanuit uw **ooghoek**. Je zwaait en zegt hallo, en hij zwaait terug.

Na een paar minuten ben je klaar, en je gaat naar het huis van je buurman om met hem een biertje te drinken in de voortuin. Het is een **perfecte** dag - niet te warm, met een zacht briesje. Je zit daar in de schaduw van de boom, nipt van je biertje en kletst wat met je buurman. Het zijn dagen als deze die je de zomer doen waarderen. Dan **ga** je naar binnen voor een welverdiend biertje. Je ploft neer in een stoel op de veranda, trekt het blikje open en slaakt een tevreden zucht. Het geluid van de maaier verdwijnt naar de achtergrond terwijl je in de schaduw ontspant en geniet van de **rust** van het moment. Het bier smaakt extra goed na al dat harde werk in de hitte. Ik stond op het

vous détendez à l'ombre, profitant de la **tranquillité du** moment. La bière a un goût extra bon après tout ce dur travail dans la chaleur. J'étais sur le point de rentrer quand j'ai entendu un bruit à côté.

On aurait dit que quelqu'un pleurait. J'ai arrêté de tondre et j'ai marché jusqu'à la clôture qui séparait nos jardins. J'ai jeté un coup d'œil par-dessus et j'ai vu ma voisine, Mme Johnson, pleurer sur sa balançoire sous le porche. Je l'ai appelée, mais elle ne m'a pas entendue. J'ai escaladé la clôture et j'ai marché jusqu'à elle. "Mme Johnson, vous allez bien ?" J'ai demandé. Elle a levé les yeux vers moi, les larmes aux yeux, et a secoué la tête. "Non, je ne vais pas bien", a-t-elle dit. "Mon chat est mort hier." J'étais choquée. Je n'ai pas su quoi dire. Je suis restée là, maladroitement, sans savoir quoi faire. Finalement, j'ai posé ma main sur son **épaule** et j'ai dit : "Je suis vraiment désolée, Mme Johnson. Si je peux faire quelque chose pour vous aider, faites-le moi savoir". "Elle a secoué la tête et a dit : "Non, il **n'y a rien que** personne ne puisse faire". Puis elle s'est levée et est entrée dans sa maison. Je suis resté là un moment, ne sachant pas quoi faire. Puis je suis retourné tondre ma pelouse. En terminant, je n'ai pu m'empêcher de penser à Mme Johnson et à son chat.

punt om naar binnen te gaan toen ik een geluid hoorde bij de buren.

Het **klonk** alsof iemand huilde. Ik stopte met maaien en liep naar het hek dat onze tuinen scheidde. Ik keek om en zag mijn buurvrouw, mevrouw Johnson, huilen op haar schommelbank. Ik riep naar haar, maar ze hoorde me niet. Ik klom over het hek en liep naar haar toe. "Mevrouw Johnson, is alles goed met u?" vroeg ik. Ze keek met tranen in haar ogen naar me op en schudde haar hoofd. "Nee, het gaat niet goed met me," zei ze. "Mijn kat is gisteren gestorven." Ik was geschokt. Ik wist niet wat ik moest zeggen. Ik stond daar maar wat ongemakkelijk, niet wetend wat ik moest doen. Uiteindelijk legde ik mijn hand op haar **schouder** en zei: "Het spijt me zo, mevrouw Johnson. Als er iets is wat ik kan doen om te helpen, laat het me alsjeblieft weten. "Ze schudde haar hoofd en zei: Nee, er is **niets** dat iemand kan doen. Toen stond ze op en ging haar huis binnen. Ik stond daar een ogenblik, niet wetend wat te doen. Toen ging ik verder met het maaien van mijn gazon. Toen ik klaar was, moest ik denken aan mevrouw Johnson en haar kat.

Questions de compréhension

1. Quelle heure est-il ?

2. Où se trouve la personne qui tond ?

3. Comment la personne se sent-elle ?

4. Pourquoi la personne doit-elle tondre lentement ?

5. Quel est le temps qu'il fait ?

6. Que fait la personne après avoir fauché ?

7. Qu'entend la personne avant de rentrer chez elle ?

8. Qui est avec Mme Johnson ?

9. Pourquoi Mme Johnson pleure-t-elle ?

10. Que dit la personne à Mme Johnson ?

Begrip vragen

1. Hoe laat is het?

2. Waar is de persoon aan het maaien?

3. Hoe voelt de persoon zich?

4. Waarom moet de persoon langzaam maaien?

5. Wat voor weer is het?

6. Wat doet de persoon na het maaien?

7. Wat hoort de persoon voordat hij naar huis gaat?

8. Wie is er bij Mrs Johnson?

9. Waarom huilt Mrs Johnson?

10. Wat zegt de persoon tegen Mrs. Johnson?

Se faire couper les cheveux

Cela faisait des semaines que je voulais me faire couper les cheveux, mais j'arrivais toujours à remettre ça à plus tard. Mais à l'approche de **Noël, je** savais que je ne pouvais plus attendre. Je ne voulais pas me présenter au dîner de Noël de ma famille avec une coiffure débraillée. Alors, tôt le matin de Noël, je me suis rendue au salon. Même s'il était tôt, le salon était déjà occupé par d'autres personnes qui **se faisaient** coiffer pour les fêtes. J'ai pris ma place dans la file d'attente et j'ai attendu mon tour. Enfin, c'était mon tour sur la chaise. La styliste, une femme sympathique nommée Jill, m'a demandé ce que je voulais. "Juste une coupe, rien de trop radical", ai-je répondu. Jill s'est mise au travail, coupant mes cheveux. Pendant qu'elle travaillait, j'ai commencé à me détendre. C'était bon de prendre enfin soin de moi. J'avais été tellement occupé ces derniers temps, à courir partout pour m'occuper de tout le monde, que j'avais laissé mes propres besoins de côté. Mais plus **maintenant**. A partir de maintenant, j'allais prendre du temps pour moi.

Lorsque Jill a terminé, je me suis regardée dans le miroir et j'étais ravie de ce que je voyais. Mes cheveux

Naar de kapper

Ik wilde al weken naar de kapper, maar op de een of andere manier kon ik het steeds uitstellen. Maar met **Kerstmis voor de deur**, wist ik dat ik het niet langer kon uitstellen. Ik wilde niet op het kerstdiner van mijn familie verschijnen als een smerige puinhoop. Dus, vroeg op kerstochtend, ging ik naar de salon. Hoewel het nog vroeg was, was de salon al druk bezig met andere mensen **die** hun haar lieten doen voor de feestdagen. Ik nam plaats in de rij en wachtte op mijn beurt. Eindelijk was het mijn beurt in de stoel. De styliste, een vriendelijke vrouw die Jill heette, vroeg me wat ik wilde. "Gewoon een knipbeurt, niets te drastisch," antwoordde ik. Jill ging aan de slag en knipte mijn haar weg. Terwijl ze werkte, begon ik te ontspannen. Het voelde goed om eindelijk voor mezelf te zorgen. Ik had het de laatste tijd zo druk gehad met voor iedereen te zorgen, dat ik mijn eigen behoeften aan de kant had laten liggen. Maar **nu** niet **meer**. Van nu af aan, zou ik tijd voor mezelf maken.

Toen Jill klaar was, keek ik in de spiegel en was blij met wat ik zag. Mijn haar zag er netjes en gepolijst uit-perfect voor vakantie bijeenkomsten. Ik **bedankte**

étaient soignés et polis, parfaits pour les fêtes de fin d'année. J'ai **remercié** Jill et j'ai noté **mentalement** de revenir plus souvent. À partir de maintenant, je prendrai soin de moi d'abord et avant tout. Elle s'est mise au travail en coupant mes cheveux. J'ai pensé à combien j'étais reconnaissante d'avoir enfin pris le temps de me faire couper les cheveux. Je me sentais bien de savoir que j'allais être présentable pour le **repas de** Noël. Je n'aurais plus à m'inquiéter des taquineries de ma famille sur mon apparence "débraillée". Après quelques minutes, le coiffeur a fini de me couper les cheveux et m'a fait un rapide brushing. Je me suis regardé dans le miroir et j'étais content de ce que je voyais - un look propre qui serait parfait pour le dîner de Noël. Maintenant que ma coupe de cheveux était terminée, je pouvais me concentrer sur les vacances avec ma famille. Et j'en étais encore plus reconnaissante.

Je me suis sentie tellement **libérée** et j'ai adoré le look de ma nouvelle coupe de cheveux. Après avoir payé ma coupe, je suis rentrée chez moi et j'ai commencé à faire mes bagages pour mon voyage. J'**avais hâte** de montrer mon nouveau look à ma famille et à mes amis. Je savais qu'ils seraient surpris en me voyant. Le jour de mon vol, je suis arrivée à l'aéroport avec beaucoup de temps devant moi. J'ai passé le contrôle de sécurité sans problème et j'ai rapidement pris la route. Dès que je suis arrivé à destination, j'ai senti l'excitation dans l'air. Il y avait vraiment de l'air pour Noël !

Jill en maakte een notitie om vaker terug te komen. Van nu af aan zal ik in de eerste plaats voor mezelf zorgen. Ze begon aan mijn haar te knippen. Ik dacht eraan hoe dankbaar ik was dat ik er eindelijk aan toe was gekomen om mijn haar te laten knippen. Het voelde goed om te weten dat ik er toonbaar uit zou zien voor **het kerstdiner**. Ik hoefde me geen zorgen meer te maken dat mijn familie me zou plagen over mijn "smerige" uiterlijk. Na een paar minuten was de styliste klaar met het knippen van mijn haar en föhnde ze me snel. Ik keek in de spiegel en was blij met wat ik zag: een strak geknipt kapsel dat perfect zou zijn voor het kerstdiner. Nu mijn kapsel achter de rug was, kon ik me concentreren op de feestdagen met mijn gezin. En daar was ik nog dankbaarder voor.

Het voelde zo **bevrijdend**, en ik hield van de manier waarop mijn nieuwe kapsel eruit zag. Nadat ik voor mijn kapsel had betaald, ging ik naar huis en begon ik in te pakken voor mijn reis. Ik **kon niet** wachten om mijn nieuwe look aan mijn familie en vrienden te tonen. Ik wist dat ze verrast zouden zijn als ze me zouden zien. Op de dag van mijn vlucht kwam ik ruim op tijd aan op de luchthaven. Ik ging zonder problemen door de beveiliging en al snel was ik op weg. Zodra ik op mijn bestemming aankwam, kon ik de opwinding in de lucht voelen. Kerstmis hing zeker in de lucht!

Questions de compréhension

1. Que devait faire le protagoniste avant Noël ?

2. Que pense la protagoniste du fait de prendre soin d'elle ?

3. Qui a taillé les cheveux du protagoniste ?

4. Pourquoi la famille de la protagoniste allait-elle se moquer d'elle ?

5. Qu'a ressenti la protagoniste après s'être fait couper les cheveux ?

6. Qu'a fait la protagoniste après s'être fait couper les cheveux ?

7. Quelle a été la réaction de la famille de la protagoniste à sa coupe de cheveux ?

8. Qu'a fait le protagoniste la veille de Noël ?

9. Qu'est-ce qui a rendu l'expérience du protagoniste plus spéciale ?

10. Que se passerait-il si le protagoniste ne se faisait pas couper les cheveux ?

Begrip vragen

1. Wat moest de hoofdpersoon doen voor Kerstmis?

2. Hoe vond de hoofdpersoon het om voor zichzelf te zorgen?

3. Wie heeft het haar van de hoofdpersoon geknipt?

4. Waarom ging de familie van de hoofdpersoon haar plagen?

5. Hoe voelde de hoofdpersoon zich nadat ze naar de kapper was geweest?

6. Wat heeft de hoofdpersoon gedaan nadat ze naar de kapper is geweest?

7. Wat was de reactie van de familie van de hoofdpersoon op haar kapsel?

8. Wat deed de hoofdpersoon op kerstavond?

9. Wat maakte de ervaring van de hoofdpersoon specialer?

10. Wat zou er gebeuren als de hoofdpersoon niet naar de kapper zou gaan?

Le parc

Le soleil se couchait, et le parc était vide. Je me suis assise sur un banc, attendant mon **amie**. Nous avions prévu de nous retrouver ici il y a une heure, mais elle était toujours en retard. Au moment où j'allais abandonner et rentrer chez moi, je l'ai vue courir vers moi. "Je suis vraiment désolée", a-t-elle haleté en atteignant le banc. "Mon train a été **retardé**." "C'est bon", ai-je dit **avec indulgence**. "Je viens juste d'arriver." Nous nous sommes assis et avons bavardé pendant un certain temps, prenant des nouvelles de la vie de chacun depuis notre dernière rencontre. La conversation était fluide **et nous avions** l'impression que le temps n'avait pas passé depuis notre dernière rencontre. Au coucher du soleil, nous nous sommes dit au revoir et avons pris des chemins différents. La fois suivante où nous nous sommes rencontrés, c'était dans un autre parc. Encore une fois, elle était en retard, mais ça ne m'a pas dérangé. C'était agréable d'avoir quelqu'un à qui parler et qui me **comprenait**. Nous avons parlé de nos rêves et de nos **aspirations**, des choses que nous voulions faire de nos vies. Elle m'a parlé de son projet de voyager dans le monde entier, et j'ai partagé mon rêve de devenir écrivain. Alors que le soleil se couchait sur un autre jour, nous nous sommes dit au revoir une fois de plus, en promettant de rester

Het park

De zon ging onder, en het park was leeg. Ik zat op het bankje te wachten op mijn **vriendin**. We hadden hier al een uur geleden afgesproken, maar ze was altijd te laat. Net toen ik het wilde opgeven en naar huis wilde gaan, zag ik haar naar me toe rennen. "Het spijt me zo," hijgde ze toen ze de bank bereikte. "Mijn trein **had vertraging**." "Het is goed," zei ik **vergevingsgezind**. "Ik ben hier net zelf." We gingen zitten en praatten een poosje, praatten bij over elkaars leven sinds we elkaar voor het laatst zagen. Het gesprek verliep **vlot**, en het leek alsof er helemaal geen tijd was verstreken sinds we elkaar voor het laatst hadden gezien. Toen de zon onderging, namen we afscheid en gingen onze eigen weg. De volgende keer dat we elkaar zagen, was in een ander park. Weer was ze te laat, maar dat vond ik niet erg. Het was fijn om iemand te hebben om mee te praten die me **begreep**. We spraken over onze dromen en **aspiraties**, dingen die we wilden doen met ons leven. Zij vertelde me over haar plannen om de wereld rond te reizen, en ik deelde mijn droom om schrijfster te worden. Toen de zon weer onderging, namen we afscheid van elkaar en beloofden we elkaar dit keer te blijven zien.

Jaren gingen voorbij, en onze **vriendschap** bleef sterk,

en contact cette fois-ci.

Les années ont passé, et notre **amitié** est restée forte, même si nous vivions désormais dans des régions différentes du pays. Nous sommes restés en contact par des lettres et des appels téléphoniques occasionnels, partageant les nouvelles de nos vies respectives. Lorsqu'elle a annoncé qu'elle allait se marier, je n'ai pas été **surpris** - elle avait toujours été du genre **aventureux**. Mais lorsqu'elle m'a demandé si j'accepterais d'être sa demoiselle d'honneur à la cérémonie de son mariage qui se déroulait à l'autre bout du monde, loin de chez moi... il a fallu la convaincre ! En fin de compte, je ne pouvais pas laisser ma meilleure amie se marier sans moi à ses côtés, alors malgré mes craintes (et après qu'elle m'ait beaucoup suppliée !), j'ai **accepté de participer à** ce qui s'est avéré être l'**aventure** de ma vie.

Le jour du **mariage** est enfin arrivé. J'étais nerveux, mais excité de faire partie d'un moment si important dans la vie de mon amie. La cérémonie était magnifique, et elle avait l'air heureuse en prononçant ses vœux. **Ensuite,** nous avons fait une grande fête - on aurait dit que tous ses proches étaient venus célébrer avec elle ! C'était un jour **magique** que je n'oublierai jamais, et notre amitié n'a fait que se renforcer après cette aventure. Aujourd'hui, des années plus tard, nous restons toujours en contact.

ook al woonden we nu in verschillende delen van het land. We hielden contact door middel van brieven en af en toe telefoontjes, waarbij we nieuws over ons leven met elkaar deelden. Toen ze aankondigde dat ze ging trouwen, was ik niet **verbaasd** - ze was altijd al een **avontuurlijk** type geweest. Maar toen ze me vroeg of ik haar bruidsmeisje wilde zijn op haar huwelijksceremonie, dat halverwege de wereld zou plaatsvinden, van waar ik woonde... daar was wel wat overtuigingskracht voor nodig! Maar uiteindelijk kon ik mijn beste vriendin niet laten trouwen zonder mij aan haar zijde, dus ondanks mijn angsten (en na veel smeken van haar!) **stemde** ik ermee in om mee te gaan op wat het **avontuur** van mijn leven bleek te zijn.

De dag van de **bruiloft was** eindelijk aangebroken. Ik was nerveus, maar opgewonden om deel uit te maken van zo'n belangrijk moment in het leven van mijn vriendin. De ceremonie was prachtig, en ze zag er gelukkig uit toen ze haar geloften aflegde. **Daarna** vierden we het met een groot feest - het leek wel of iedereen die ze kende was gekomen om het met haar te vieren! Het was een **magische** dag die ik nooit zal vergeten, en onze vriendschap is na dat avontuur alleen maar sterker geworden. Nu, jaren later, houden we nog steeds contact.

Questions de compréhension

1. Où l'auteur et son ami se sont-ils rencontrés pour la première fois ?

2. Pourquoi l'ami de l'auteur était-il en retard à leur réunion ?

3. De quoi les amis ont-ils parlé lorsqu'ils se sont retrouvés des années plus tard ?

4. Qu'a ressenti l'auteur en assistant à la cérémonie de mariage de son amie ?

5. Décrivez le cadre de la cérémonie de mariage.

6. Comment l'amitié entre les deux femmes a-t-elle évolué au fil du temps ?

7. Quel est le rêve de l'auteur ?

8. Où l'ami de l'auteur prévoit-il de voyager ?

9. Pourquoi l'auteur a-t-elle hésité à assister à la cérémonie de mariage de son amie ?

Begrip vragen

1. Waar hebben de auteur en haar vriendin elkaar voor het eerst ontmoet?

2. Waarom was de vriend van de auteur te laat op hun afspraak?

3. Waar hadden de vrienden het over toen ze elkaar jaren later weer ontmoetten?

4. Hoe vond de schrijfster het om de huwelijksceremonie van haar vriendin bij te wonen?

5. Beschrijf de omgeving van de huwelijksceremonie.

6. Hoe is de vriendschap tussen de twee vrouwen in de loop der tijd veranderd?

7. Wat is de droom van de auteur?

8. Waar is de vriend van de schrijver van plan heen te reizen?

9. Waarom aarzelde de schrijfster om de huwelijksceremonie van haar vriendin bij te wonen?